U0485812

学校课程深度变革丛书　杨四耕 主编

陈　瑾◎主编

聚焦学习的课程评估：

L-ADDER 课程评估工具与应用

华东师范大学出版社

图书在版编目(CIP)数据

聚焦学习的课程评估：L-ADDER 课程评估工具与应用/
陈瑾主编. —上海：华东师范大学出版社，2018
（学校课程深度变革丛书）
ISBN 978-7-5675-7919-4

Ⅰ.①聚…　Ⅱ.①陈…　Ⅲ.①中小学-课程建设-研究
Ⅳ.①G632.3

中国版本图书馆 CIP 数据核字(2018)第 143365 号

学校课程深度变革丛书
聚焦学习的课程评估：L-ADDER 课程评估工具与应用

丛书主编　杨四耕
主　　编　陈　瑾
责任编辑　刘　佳
特约审读　郑雯文
责任校对　邱红穗
装帧设计　卢晓红

出版发行　华东师范大学出版社
社　　址　上海市中山北路 3663 号　邮编 200062
网　　址　www.ecnupress.com.cn
电　　话　021-60821666　行政传真 021-62572105
客服电话　021-62865537　门市(邮购)电话 021-62869887
地　　址　上海市中山北路 3663 号华东师范大学校内先锋路口
网　　店　http://hdsdcbs.tmall.com

印 刷 者　上海书刊印刷有限公司
开　　本　700×1000　16 开
印　　张　13.25
字　　数　209 千字
版　　次　2018 年 11 月第 1 版
印　　次　2019 年 2 月第 2 次
书　　号　ISBN 978-7-5675-7919-4/G·11247
定　　价　40.00 元

出 版 人　王　焰

(如发现本版图书有印订质量问题，请寄回本社客服中心调换或电话 021-62865537 联系)

丛书总序

迈向3.0的学校课程变革

学校课程变革有三个层次：一是1.0层次。这个层次的课程变革，以课程门类的增减为标志，学校会开发一门一门的校本课程，并不断增减，这是"点状"水平的课程变革。二是2.0层次。处在这个层次，学校会围绕某一特定的办学特色或项目特色，开发相应的特色课程群。在一定意义上，这个层次的课程变革是围绕办学特色的"线性"课程设计与开发水平。三是3.0层次。此层次，学校课程发展呈"巢状"，以多维联动、有逻辑的课程体系为标志，将课程、教学、评价、管理以及师生发展融为一体，这是文化建构与创生层次的课程变革。

当前，碎片化、大杂烩的学校课程变革普遍存在。具体表现如下：

一是不贴地。没有学校课程情境的分析，空降式课程开发，不基于学校实际，没有在地文化意识，不关注孩子们的学习需求，为了课程而课程。

二是无目标。不少学校的改革是为了课程而课程，课程建设不是基于育人目标的实现，脑中没有育人意识，眼中没有育人目标，育人目标与课程目标不能很好地实现对接。

三是无逻辑。没有学校课程的顶层设计或整体规划，学校课程建设只是一门、一门的校本课程的累加，处于"事件"状态，没有形成"整体"气候，没有"体系"意识。没有基于学校的办学理念提出自己的课程理念，办学理念与课程理念一致性比较弱，更别谈基于理念的课程设计、实施与评价的"连结"或"贯通"了。

四是大杂烩。学校虽然开发了很多课程，但对课程没有进行合理的分类，课程之间的关联性与结构性比较弱；杂乱无序的"课程碎片"以及随意拼凑的"课程拼盘"，很难以发挥课程的整体育人效果。

五是不活跃。课程实施方式单一，以课堂教学为主渠道，以学科学习为主范域，以知识拓展为主追求,辅之以兴趣小组、社团活动,对户外学习、服务学习、综合学习、动手操作等方式用得很少。

六是无评价。没有课程认证与评估,课程开发随意性比较大;课程设计没有具体评价考虑,课程实施效果没有评价支撑,其结果不得而知。

七是弱管理。基于现实因素,中小学对教学管理是抓得很紧的,但因课程开发对学校来说只不过是"锦上添花"的东西,所以大多数学校的课程管理都比较弱,基本不受重视。从现实情况看,中小学教师普遍没有课程意识、课程开发能力比较弱,更不懂得如何管理课程,课程资源意识也比较淡。

八是低关联。学校课程的各要素之间关联度低,如学校课程建设没有触及课堂教学改革,课程建设与教学有效性的提升没有关系;中小学真正参与课程建设的积极性普遍不高,他们内心里觉得"课程开发浪费时间"、"对提高教学质量没有用",课程开发在很大程度上还只是行政推动或为了所谓的"办学特色"而已。

林林总总,中小学课程改革的细节问题很多,很值得我们关注。教育部《关于全面深化课程改革,落实立德树人根本任务的意见》指出:中小学课程改革从总体上看,整体规划、协同推进不够,与立德树人的要求还存在一定差距。主要表现为课程目标有机衔接不够,课程教材的系统性、适宜性不强;与课程改革相适应的评价制度不配套,课程资源开发利用不足,支撑保障课程改革的机制不健全等。因此,更深层次地说,迈向3.0的学校课程变革是"立德树人"的深切呼唤。

根据笔者多年的观察与研究,对中小学而言,3.0的学校课程有以下基本特征:一是倾听感,聚焦"原点",关注学生的学习需求;二是逻辑感,严密的而非大杂烩或拼盘的;三是统整感,更多地以嵌入的方式实施而非简单地做加减法;四是见识感,以丰富学生的学习经历而不以知识拓展或加深为取向;五是质地感,课程建设触及课堂教学变革,教学有效性的提升倚赖课程的丰富与精致。

在迈向3.0的学校课程变革旅途中,中小学可以推进以下六个"关键动作",扎实、深入推进学校课程变革,形成学校课程变革架构,创生学校文化特色。

第一个关键动作,把儿童放在课程的中央,关注儿童的学习需求与兴奋点。

3.0课程是以学习为中心的课程。捕捉孩子们的兴奋点,点燃孩子们的学习热情,满足孩子们的学习需求是学校课程变革的首要议题。

学习需求是学习的动力,是影响学习品质的重要因素。在一所学校,从学习需求的主体看,我们应关注这样三类学习需求:一是所有孩子的共同学习需求,二是一部分孩子的团体学习需求,三是一个特定孩子的个别化学习需求。学校如何采取合理的方式,识别、发现、回应、满足、引导学生的学习需求,促进学生发展,是学校课程发展的关键。从学生学习需求的动态发展变化过程去分析、研究学生的学习需求,在学生学习需求的满足与不满足的动态平衡中去研究学校课程架构才有实际意义。在"回归"意义上,学校课程建设把学习需求放在中央,是以学生发展为本的教育理念的具体反映。

学习需求分析是一个系统化的调查研究过程。我们要通过调查全面了解学生的实际情况。调查的对象可以是群体,如一个班级或教师任教的几个班级、一个年段甚至更广;也可以是个体,如某个特别的学生或两个对比的学生。具体调查方法有问卷调查、访谈座谈、测试调查、案例分析、典型跟踪等。不管哪种方法,主要目的是收集相关数据,整理、分析、判断、发现学生现状中存在的问题,并找出问题产生的原因,以便在课程设计中对症下药,确定解决该问题的必要途径。

当然,我们也要注意区分哪些需求是必须满足的,哪些需求不是非满足不可的,哪些需求是需要引导和调整的。杜威说:教育即经验的改造。面对孩子们,我们要思考的是:是不是所有的经验都可以进入课程?怎样的经验具有满足孩子们学习需求的属性呢?实践证明,经验必须满足以下两个条件才能进入课程:第一,经验必须关注儿童生长,必须把儿童放在课程的中央,真正促进儿童的成长与发展;第二,经验必须具有连续性。经验仅仅新鲜、有趣是不够的,散乱的、割裂的和"离心"的经验,是没有意义的,不能作为课程的有机构成。经过设计的"经验"可以从小到大、从自我生活到公共领域。经过精心"改造"过的经验,可以很好地体现"逻辑结构"与"心理结构"的有机统一。换言之,我们的课程设计应该贴近儿童的学习需求,聚焦孩子们的生长点。

第二个关键动作,建构自己独特的"课程图谱"或"课程坐标"。

丰富的课程比单一的课程更有利于孩子们的人性丰满,这是一个课程常识。如果把课程视为书本,孩子们可能会成为书呆子;如果把课程视为整个世界,孩子们可能会拥有驾驭世界的力量。

课程是一个可延伸的触角。让课程更好地链接生活、链接活动、链接管理以及一切可能的要素，让学校课程纵横交错，能够真正"落地"，这是迈向 3.0 课程变革的关键手法。

为此，每一所学校都应致力于建构自己独特的"课程图谱"或"课程坐标"。在横向上，将学校课程按照一定的逻辑进行合理的分类；在纵向上，将学校课程按照年级分为不同层级，形成一个适应不同年龄阶段孩子的课程阶梯。具体地说，在横向上，重构学校课程分类，让孩子们分门别类地把握完整的世界之奥秘；在纵向上，强调按先后顺序，由简至繁、从已知到未知、从具体到抽象，保持课程的整体连贯。这样，我们就可以形成天然的、严密的学校课程"肌理"，让课程有逻辑地"落地"，有利于克服课程碎片化、大杂烩问题。

总之，如何按照一定的逻辑，理顺学校课程纵向与横向关系是学校课程变革需要审慎思考的问题。让课程真实地存在于特定学制之中、特定年级之中、特定班级之中，让每一位教师可以看到自己在学校课程图谱中的位置，每一个家长可以更清晰地知道自己的孩子在学校将学习什么，未来将发生什么，学校将把孩子们引向何方……一句话，课程是动态的课程，而不是静止的名称。

第三个关键动作，具身学习成为课程最核心的实践样式。

真正的学习应是具身的。换言之，只有个体亲身的经历和体验才称得上是学习。课程从本质上说是一种经验。说白了，课程就是让孩子们体验各种经历，并由此将知识以及其他的各种可能转化为自身的经验，实现自身的"细微变化"。

3.0 的学校课程表现出这样两个特点：一是突出孩子们在课程设计、实施与评价中的主体地位，让他们在课程中释放激情；二是从孩子们的角度出发设计课程，以孩子们喜欢的方式实施、评价以及管理课程。这样，课程不是外在于孩子们的，孩子们本身就是课程的设计者、实施者和评价者。

培根说，知识就是力量。这话只说对了一半，确切地说，具身的知识比离身的知识更有力量，能够勾连起想象力的知识比无想象力的知识更有力量，有繁殖力的知识比无繁殖力的知识更有力量，成体系的知识比碎片化的知识更有力量，被运用的知识比没有得到运用的知识更有力量。课程是有设计、有组织的经验系统。在这里，见识比知识更重要,智识比见识更有价值。

在课程实施过程中,让孩子们采用多样的、活跃的学习方式,如行走学习、指尖学习、群聊学习、圆桌学习、众筹学习、搜索学习、聚焦学习、触点学习……但凡孩子们生活世界里精彩纷呈、活跃异常的做事方式,就是课程实施的可能方式,而不仅仅是所谓的概念化了的"自主、合作、探究"。杜威说:"一切学习来自经验。"实践、沉浸、对话、互动、参与、体验是课程最活跃、最富灵性的身影,也是课程实施的最重要的方法。重视孩子们直接经验的获得,通过一系列的实践活动,扩充和丰富孩子们的经验,是3.0课程的重要表征。

第四个关键动作,课程不再是"孤军作战",关联与整合成为课程实施的常态。

关联与整合是3.0学校课程变革的关键特征之一。关联与整合强调要以各学科的独立性为前提对课程内容进行多维、多向的组织。这就意味着,我们要打破学科的固有界限,找出课程要素之间的内在联系,关注知识的应用而不仅仅是知识形式,强调内容的广度而不仅仅是深度。在整合的基础上,加强各个学科之间、课程内容和个人学习需求之间、课程内容和校外经验之间的广泛联系。

一般地说,课程整合有两种常见方式:一是射线式整合,即以学科知识为圆点,根据知识的内在逻辑联系而进行多维拓展与延伸;二是聚焦式整合,即以特定资源为主题,根据学习者的兴趣或经验,以加强孩子们与社会生活的多学科、多活动的关联与整合。从表现形式来看,既有"学科内统整",又有"学科间统整";既有"跨学科统整",又有"学科与活动统整"以及"校内与校外统整"等。

课程是浓缩的世界图景。3.0的课程是富有统整感的课程,是多维连结与互动的课程。不论是学科课程的特色化拓展,还是主题课程的多学科聚焦,都应尽可能回到完整的世界图景上来,努力将关联性与整合性演绎得淋漓尽致,让孩子们领略世界的完整结构。

第五个关键动作,学校弥漫着浓郁的课程氛围,自觉的课程文化是变革的结晶。

课程保障条件的落实、课程氛围的营造以及学校文化的自觉生成,是3.0课程变革的重要组成部分。中小学如何落实课程保障条件、让学校课程氛围浓郁起来?有两点建议值得一提:

一是主题仪式化。孩子们对于节日的喜爱源自天性，几乎没有孩子不喜欢"过节"。每个学期开始前，学校可以集体策划、共同商讨本学期的主题节日。如学校可以推出热火朝天的"劳动节"，引导着孩子们动手动脑，学会观察，搞小研究，孩子们以"种植"为主题，选择不同的植物作为研究对象；可以设计绚烂多彩的"涂鸦节"，针对不同年级开展不同的涂鸦活动，以生动有趣的形式来展现审美情趣，表达情感，激发孩子们的创意，让他们增进环保意识；可以创造生机盎然的"花卉节"，带着孩子们走进大自然，感受花卉的美丽绚烂，搜索和花相关的各种诗篇、成语、民间故事，增长见识的同时提升审美情趣；可以拥有别开生面的"晒宝节"，孩子们在全家的支持下开始搜索各种宝贝，如独立寻找自己的钢琴考级证书，在家人的帮助下寻找爸爸、妈妈小时候的照片，奶奶钟爱的缝纫机，爷爷的上海牌手表等。当然，我们还可以生成趣味无穷的"游戏节"、传递温情的"爱心节"、开阔眼界的"旅游节"……对于孩子们来说，校园节日是难能可贵的课程。

一句话，学校精心准备、周密策划，充分发挥全体教师的智慧与才干，开发具有时尚、艺术、娱乐等元素的、孩子们喜欢的校园节日，将德育活动通过一个个校园节日展现出来，让丰富多彩的节日活动吸引孩子们，让浓郁的课程文化给孩子们的校园生活留下美好的回忆。

二是空间学习化。迈向3.0的课程善于发现空间的"意义结构"，它常常以活跃的空间文化布局诠释"空间即课程"的深刻内涵。现在，我们有很多学校已经意识到了"空间课程领导力"的价值。诸如以下一些做法都是值得我们赞赏的：1. 办学理念视觉化、具象化，充分展示一所学校的文化气质；2. 办学特色课程化、场馆化，让办学特色成为课程美学；3. 教室空间资源化、宜学化，让每一间教室都释放出生命情愫；4. 图书廊馆特色化、人性化，让沉睡的图书馆得以唤醒；5. 食堂空间温馨化、交往化，让喧闹的餐厅不仅仅可以就餐；6. 楼道空间活泼化、美学化，让孩子们转角遇见另一种美……如何最大限度地让校园空间成为课程的有机组成部分，如何最大限度地让每一个物理空间释放教育能量，如何突破教室和校园围墙限制，让社区、大自然和各种场馆成为课程深度推进的生命空间，是3.0课程的美好期待。

这意味着，我们应当超越对空间的一般认知，重塑空间价值观念，提升空间课程领导力。通过设计、再造、巧用空间的"点、线、面、体",促进学校课程深度变革。我们应从实践美学的视角,重新发现学校空间的课程内涵,清晰定位学校的办学愿景、办学理念、内涵特色和育人目标,把无形的教育理念转变为有形的课程空间,通过深入分析学校的内涵发展、办学特色、课程理念,以及学生的多元学习需求,研究不同课程教学活动对空间的功能诉求,从物理设施、学习资源、技术环境、情感支撑和文化营造等维度上,对空间功能进行整体再构和巧妙运营,将课程理念转变为看得见的空间课程,让空间最大程度地满足不同学生的多元化发展需要。

总之,课程是一种文化范式。推动基于课程向度的仪式创意与空间设计,关注学习方式的多变性和场景性、学习时间的灵活性和可支配性、学习空间的多元性与舒适性、学习资源的丰富性和易得性,让所有的时空都释放出教育价值,让所有的时空都成为课程场景,让孩子们学习作品的形成、展示、发布、分享成为校园里最美丽的景观,让时空展示出生命成长的气息和活性,这是3.0课程的美好图景之一。

第六个关键动作,聚焦儿童的成长与发展,让课程表现出鲜明的回归属性。

3.0课程变革具有鲜明的回归属性:无穷点的多维连结聚焦到人的完整发展与灵性生长,回归到"教育即解放"这一"原点"上。

众所周知,课程与儿童的关系是一个既古老又年轻的话题。说它古老,是因为自从有了学校教育,有关课程与儿童的讨论便应运而生,历史上每一次课程改革都必然伴随着儿童观的思考;说它年轻,是因为随着时代的发展,这个问题会表现出新的形态与新的内涵。可以说,"让课程回归儿童"是3.0课程的必然选择。

当前,我们有很多学校在处理课程与儿童的关系问题上显示了高超的艺术与纯熟的智慧:课程目标设计过程凸显内在生长的视角,课程内容设计方面突出课程内容的生命活性,课程结构把握强调纵横交错的系统思维,课程实施探索强调具身学习的人本立场,课程评价与管理彰显儿童的主体地位。

课程即独特的生命体验。一百个孩子,一百个世界。每一个孩子对世界的认识都不一样,课程就是要认可每一个孩子的生命体验,并尊重他们的选择和体验。课程也是可选的发展标志。每一个孩子都有自己的发展高度,每一段路都是一个人生标杆,每一段经历都是一个人生标杆。课程就是要依据孩子的不同实际,开发适合他自己的独特的"生命图景",让课程真正回归儿童。

说到这里,不由地想起美国课程学者小威廉姆 E·多尔提出的以 Rich(丰富性)、Recursive(回归性)、Relational(关联性)和 Rigorous(严密性)的"4R"课程设计理路,让学校课程变革更符合生命成长的诗性节律。我的推想是,迈向 3.0 的学校课程变革是不是在践行"4R"的课程追求呢?是不是在推进基于文化自觉的课程变革呢?答案是肯定的!

杨四耕

2016 年 11 月 15 日于上海市教育科学研究院

目 录

前言 聚焦学习：L-ADDER 课程评估的指向 / 001

第一章 学习过程与成效的分级评估

  学习如旅行，有的人只想着赶紧到达目的地，而无视途中美妙的风景；有的人则永远在奔向目的地的路上，用悦纳的心情和欣赏的眼光去探看周遭的一切。前者或许走过的景点很多，但是匆忙之间却少了一份深刻的游历体验。我们对学生的学习评估，是追求结果在数量上取胜，还是追求过程在质量上取胜？面对越来越"疯狂"的违背儿童学习规律的功利教育观，学校对学生的学习评估该何去何从？这是摆在每一所学校面前的教育难题。

一 过程与结果并重的学习评估立场 / 001
二 把握完整学习过程的评估框架 / 002
三 学习评估的实战操作与现场演绎 / 007

第二章　课程管理与领导的分级评估

　　作为学校课程愿景,"更儿童的课程"最开始可能只是一个想法,而现在它已经成为感召一群人的目标,成为学校课程发展的"引擎"。人人都可以成为课程领导者,强有力的课程领导不是指挥和支配,而是激发和点燃,让每一个人都成为课程的自我领导者,让每一位教师都能"像专家一样"专业地思考课程、教学与评价,并在自己的专业范域内作出正确的课程决策。当然,它不会是一个终点,而是一段正在路上的旅程。

一　整体运营的课程领导与管理评估理念 / 041
二　度身定制的课程领导与管理评估框架 / 043
三　以评促优的课程领导与管理评估现场 / 047

第三章 课程设计与开发的分级评估

每一个孩子都是一首动听的歌。学校课程设计的着眼点不在于一个人在数理逻辑上有多聪明,而在于充分发展儿童的优势智能领域,彰显学生的个性差异,让不同天资和禀赋的孩子都能够得到适合自身的发展。让学校课程变革承载起个性发展的使命,不仅要让学生"学会",更要让学生"会学";不仅要教学生"适应",更要教学生"改变";不仅要着眼"当下",更要迎接"未来"。分级评估,让学校课程没有最好,只有更好。

一 满足学习需求的课程设计与开发评估理念 / 067
二 基于目标模式的课程设计与开发评估框架 / 068
三 运用分级评估工具有效提升学校课程品质 / 072

第四章　课程实施与发展的分级评估

　　"课程实施与发展"意在强调课程实施之后还要发展,要更好地发展。因此,课程开发者不仅要关注课程文本在"课程实施现场"的效果怎么样,还要关注、甚至更要关注它们在实施以后又被发展得怎么样。这个"发展",从表面上看,是课程本身的不断发展与优化,其实归根结底,还是聚焦学生的"内在生长"。与此同时,教师的课程素养也在"评估实践脉络"中得以提升。

一　聚焦内在生长的课程实施与发展评估理念 / 092

二　关注完整过程的课程实施与发展评估框架 / 097

三　促进真实提升的课程实施与发展评估现场 / 098

第五章　课程情感与认知的分级评估

　　当我们激动喜悦时，当我们茫然无助时，当我们束手无策时，情感是推动我们前行的关键变量。课程情感并不像课程设计与实施那样看得见摸得着，但它却是教师优化课程的动力。有了动力，我们才有勇气去克服一个个深入课程内部的"疑难杂症"；有了执著，我们才可能让学校课程变革的道路越走越宽。实践证明，只有让教师体验到课程开发的"价值感"，才能促使他们更努力地推动课程变革。

一　着眼"价值实现"的课程情感与认知评估理念 / 124
二　立足"积极能动"的课程情感与认知评估工具 / 126
三　驾驭"赢在执行"的课程情感与认知评估策略 / 128

第六章 课程反思与调整的分级评估

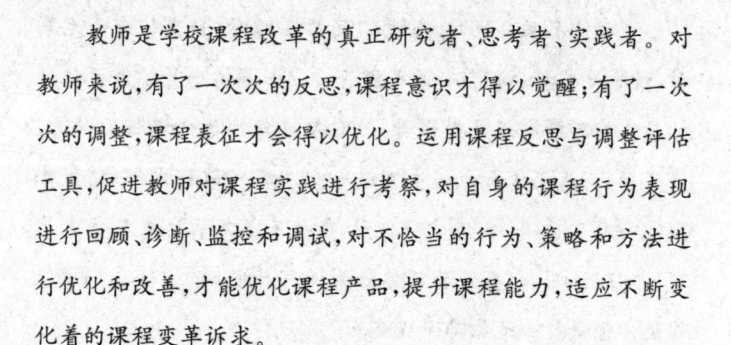

  教师是学校课程改革的真正研究者、思考者、实践者。对教师来说,有了一次次的反思,课程意识才得以觉醒;有了一次次的调整,课程表征才会得以优化。运用课程反思与调整评估工具,促进教师对课程实践进行考察,对自身的课程行为表现进行回顾、诊断、监控和调试,对不恰当的行为、策略和方法进行优化和改善,才能优化课程产品,提升课程能力,适应不断变化着的课程变革诉求。

一 构筑课程反思与调整的审视平台 / 154
二 开发课程反思与调整的评估体系 / 155
三 课程反思与调整评估的实证研究 / 159

后记 / 188

前 言

聚焦学习：L-ADDER课程评估的指向

"L-ADDER"课程评估工具的开发及其使用研究被确立为上海市教育科学研究市级重点课题，是学校之课题研究工作的延续。从立项开始，我们在实验过程中扎扎实实地边研究、边修改、边发展，不断地探索与实践，以动态观为指导研制"L-ADDER课程评估工具"，充分践行了脉络评价、过程评价、结果评价理念，实证地、动态地评价了学校课程，促进了学校课程深度变革，对学校的内涵发展起到了巨大的推动作用。

华南师范大学的黄甫全教授认为：阶梯式课程整合了直线型课程有效利用时间和螺旋型课程有效保证质量的优点，是一种适合学生已有发展水平的同时又能促进学生主动发展的、优质高效的课程编制新模式。阶梯式课程也是我校的课程模式。我们根据课程难度和小学生的身心发展规律，在纵向维度上将学校课程分为三个阶梯——初阶、中阶和高阶，分别面向我校一至五年级的学生。但是，我们这些阶梯式课程在实际实施过程中是否真正受学生欢迎？不同阶梯的课程与学生的学习能力是否适切？从科学性角度来讲，阶梯课程的设置是否可以再优化？所有这些，都需要通过课程评价得到答案。

课程评价可以使我们对现有的学校课程框架及内容进行重新审视，诊断出其中的问题和缺憾，指导下一阶段的课程实施工作。因此，对课程阶梯智慧与课程设计的适切性进行评价研究，可使我校课程阶梯的设置更科学，课程项目的设计与实施更优质、更高效。一言以蔽之，课程评价可以提升课程智慧阶梯的科学性，提升课程设计的品质。

对学校来说，评价是听诊器，可以帮助我们发现现存的课程问题，提升学校课程管理者的领导力；评价是调节器，可以帮助老师及时纠正课程探索中的错误方向和不当做法，增强阶梯式课程设计的科学性；评价是催化剂，可以激励教师不断改进教学策略,提高课程执行力;评价也是调查问卷,可以通过它来了解学生对现有课程的满意度和潜在需求,从而提供更受欢迎的课程……所有这些,最终目的都是促进所有学生的智慧成长。

"L-ADDER"课程评估工具是以学习为中心的课程分级评估工具群,它包含六个评估维度:学生学习(learning)、课程管理与领导(administration)、课程设计与开发(design)、课程实施与发展(development)、课程情感与认知(emotion)、课程反思与调整(reflection)等。这六个维度的英文首字母组合为"ladder",意即梯子、阶梯。如下图所示:

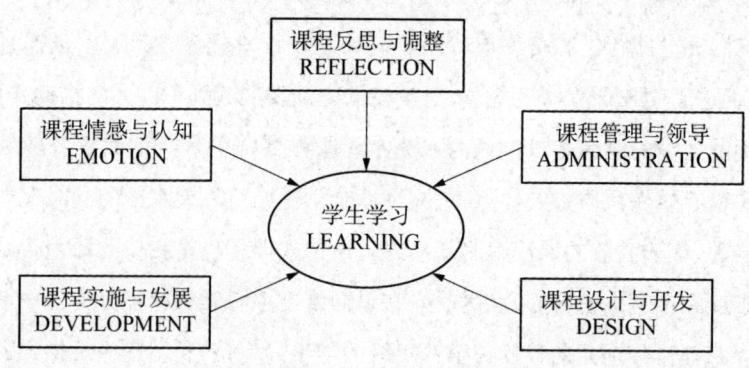

阶梯式课程的"L-ADDER"评估架构

对于每一个维度,我们都结合教育教学的实际情况,选取若干个评价的观测点,将其细化为若干等级的分级评价标准,并赋予一定的分值,实现学校课程的等第制评价。这种分级评价的课程思想,也是"ladder"一词的应有之义。"L-ADDER"课程评估工具旨在让课程评价更多元、更人性、更精确、更融通。

课程评价更多元是指评价不能仅仅局限于认识领域学习结果的纸笔测验,还应该关注学生技能、情感的成长和评价,使教师能够关注到学生学习过程中的各项表现,从而挖掘学生学习的问题,并及时进行补救教学。主要表现在教师在实施评价时,评价内涵至少应该包括认知、技能、情感等领域,也可以引入"多元智能理论",关注学生多方面多层次的发展。

课程评价更人性是指在课程评价中不应该只重视学生的学习表现,而更应该在评价过程中充分展现人性化的理念,才能使学生获得尊重、激励和支持。主要表现在以学生为中心的评价观,设身处地地站在学生角度思考各项评价措施;尊重学生的个体差异,不宜以统一的标准、统一的规定来要求所有学生;认识到学生是一个发展中的个体,不仅要尊重学生之间的差异,还应接纳学生所面临的危机。

课程评价更精确是指在课程评价的过程中体现标准化、专业化特点,提升评价结果的信度和效度,即,课程评价在兼顾多元化、人性化时,做到精确化可以使评价结果更有说服力。主要表现在课程评价方案编制过程标准化,即各种评价方式如纸笔测试、档案评价等均有严谨、标准化的编制过程。在这一过程中,亟需提升教师的课程评估专业素养,使其掌握评价方式的标准化编制过程。

课程评价更融通是指课程评价不能只局限于评价,而是课程、教材、教学与评价相结合。课程引领学校的整个计划,明确目标,确定教材和教学方式;教师通过教学、利用教材,引导学生的发展;评价则检验学生是否达到预期教学目标,教师能否引导成长,教材是否适切等。最终使教师教学和学生学习的成效得到提高,实现融评于教,融评于学。

本课题的研究目标是:开发"L-ADDER"课程评估工具,并以此为抓手,完善学校课程,进一步优化学校课程的设置与实施,促进学生的发展,提升教师的课程执行力,推动学校向智慧型学校发展。我们根据学校课程要求,借鉴分级评价的思想,开发"L-ADDER"课程评估工具,明确其架构和具体操作过程,构建各维度的观测点和各项具体分级标准,并检验该工具与我校课程情境的适合程度。同时,试用"L-ADDER"课程评估工具并进行修订,提升学校课程品质,推进学校课程变革,加快学校课程建设。

经过几年的研究,我们得出了以下实践结论,获得了以下实践成效:

一是教育改革应为课程、教材、教学、评价的整体工程。学校多年来致力于不断优化阶梯式课程,打造"启发式、少而精"的睿智课堂教学模式,开发独具智慧型学校特色的校本课程,其进展远远大于对评价的实践研究。可以说,此次"L-ADDER"课程评估工具的开发及其使用研究,是学校课程改革迎接挑战、攻坚克难的核心表现,充分完善了学校教育改革的系统性研究,突破了制约学校教育改革的瓶颈,更好地推动了学校在课程、教学和教材上的改革实践。

二是本评价工具最大的特点为评价指向多元,不仅对课程本身进行评价,同时也对教师的课程实施、学生的课程学习进行评价,从课程实施、教师教学、学生学习、课程管理等多方面收集数据、分析数据,并在此基础上形成校本课程运行的多维立体的模型建构。具体表现为:从课程建设层面来讲,此评价工具的使用使学校"阶梯式课程体系"更趋向完整,课程的开发、实施和评价架构起课程的整体运作机制,特别是课程评价的融入为校本课程开发和实施的优化提供了有力的保障;从教师教学层面来讲,此评价工具的使用帮助教师更好地把握教学的标准,通过评价诊断教师教学中的问题,并促进教师的反思和教学行为的改进,助力教师的专业发展;从学生学习层面来讲,本评价工具能帮助学生建立比较客观、全面的发展观,引导学生关注学习过程的体验,注重学科素养和综合素养的共同提升;从课程管理层面来讲,通过课程情感的正向评价,为"刚柔并济"和"人本管理"的理念提供了实践的范本。

三是在评估工具开发和实践的过程中,学校坚持了"多元化、人性化、精确化、统整化"的评价走向,具体表现为:不仅测量认知领域的学习结果,也兼顾技能、情意领域等方面的表现;在评价过程与结果中充分展现人性化理念,使师生获得尊重、激励与支持;在编制量规的过程中,注重严谨、标准化的编制过程,使评价结果更有说服力;在设计和运用评估量规时,统整了课程、教材、教学与评价,让四者环环相扣,紧密整合,真正提升了教师教学与学生学习的成效。

四是课程评估工具的开发与使用的作用是巨大的:工具式的评价方式对教师的操作给予了全面指南;给对学生学习过程、结果的评估构建了较规范的程序;以合理的认证标准引导学校各部门的评估活动,提高了管理效能;课程的设置、实施与评价形成了良性循环。

五是学校在整体研究实践课程评估的过程中激励教师在核定标准之下设计来自一线的鲜活的评估量规,巧妙平衡了评估标准化与评估多样化的本质关系,打破了原先评价标准停留在浅层次的局面,进一步科学、规范地细化了评价标准,完善了观测维度。

六是加强了对教师评价能力的专业化培训,促使课题研究成为真正促进教师发展的重要内容,教师不仅是课程的执行者,更是领导者。在整个学校管理中建构起在实践中研究,在研究中完善,在总结中提升,在提升中推广辐射的模式。

七是学校以往较为薄弱的对课程评价的探索有了质的飞跃,取得了较大的成果:我校的课程评价不仅有了一套科学、易操作的评价工具,同时也在评价主体、评价内容、评价方式方面更为完善,为社会对课程评价的研究与实践提供了极有价值的蓝本。

八是学校实质性地实现了跨越式的内涵发展,获得了众多显性和隐性成果,体现了"务本尚智"的教育哲学,实践了"智慧型学校"的价值追求。

课题主持人:陈瑾

2018年2月1日

第一章　学习过程与成效的分级评估

学习如旅行,有的人只想着赶紧到达目的地,而无视途中美妙的风景;有的人则永远在奔向目的地的路上,用悦纳的心情和欣赏的眼光去探看周遭的一切。前者或许走过的景点很多,但是匆忙之间却少了一份深刻的游历体验。我们对学生的学习评估,是追求结果在数量上取胜,还是追求过程在质量上取胜?面对越来越"疯狂"的违背儿童学习规律的功利教育观,学校对学生的学习评估该何去何从?这是摆在每一所学校面前的教育难题。

一切教育教学行为的最终目的是促进学生的学习和发展。教育教学评估作为教育教学活动中不可或缺的一部分,具有同样的功能和价值。从早期的 Assessment of Learning(学习的评价),到 Assessment for Learning(促进学习的评价),再到如今的 Assessment as Learning(作为学习的评价),评价内涵、评价内容、评价方式和评价主体发生了一系列的变化,而这些改变的出发点又逐步回归到教育的终极目标,即学生的发展。由此可见,学生的学习既是评价的目的和内容,也是评价的基础与核心。

一　过程与结果并重的学习评估立场

我校"L-ADDER"阶梯式课程评估工具的研制以"学生的学习"为出发点和归宿,不仅对学生的学业成果进行评价,同时关注学生的学习动机与情感态度,及学习习惯与方法策略等维度的评价,希望通过多元化评价向学生提供更适切的教学,以期促进学生的成长。

(一) 评价内涵：领域多元原则

在"L-ADDER"阶梯式课程评估体系中，对学生学习的评价不仅关注学习结果，同时关注学习过程；评价不仅限于低层次的认知，还兼顾高层次的认知和学习经历、学习体验等情意范畴。力求通过这种多领域、多元化的评价来丰富"L-ADDER"阶梯式课程评估的内涵，使对学生的学习评价更为全面、客观和专业。

(二) 评价工具：智能公平原则

我校阶梯式课程的架构依据为加德纳的"多元智能理论"，从这一理论来看学生的学习和发展，不同学生的优势智能各不相同，因此，评价学生所依赖的评价工具必须体现"智能公平"的原则，评价工具应能够顾及各种智能强势者。[1] 在基础型课程中，评价工具指向的是常模，即普通学生应该达到的标准，但这一评价对学生的优势智能可能"照顾不周"。而在拓展型课程中，学生依据自己的兴趣和特长选课，其评价工具指向的则是优势，这种评价可以对基础型课程评价中的"不周全"进行适当的弥补。我们可以将这两种评价整合起来，以便对学生的学习做出更为合理的评价。

(三) 评价方法：教评一致原则

"L-ADDER"阶梯式课程评估体系力求扭转过去评价与教学脱离的现象，倡导评价是教学历程中的一部分，评价目标应与教学目标相一致，评价应始终伴随着教学活动，它是检测、监控、诊断教学的一种手段，也是教学调整的依据。

二 把握完整学习过程的评估框架

根据布卢姆教育目标分类架构及安迪生等人对这一分类架构的修订，我们把对学生的学习评价主要设定为以下三大领域：情意领域、习惯与策略领域和认知领域。每

---

[1] 李坤崇.教学评估——多种评价工具的设计及应用[M].上海：华东师范大学出版社，2011：3.

个领域下又具体分不同的维度、不同的内容和总体分级指标,各学科可在此框架基础上再细化其具有学科特性的评价观测点、具体评价标准和评价方法。(见表1-1)

表1-1 卢湾二中心小学学生学习分级评估框架

评价领域	评价维度	评价内容	分级指标 A	分级指标 B	分级指标 C
情意领域	学习动机	课内外学习兴趣	积极、主动参与课内外主题学习活动和学科特色活动且表现突出。	积极、主动参与课内外主题学习活动和学科特色活动。	在老师和家长的鼓励下,能够参与课内外主题学习活动和学科特色活动。
		课堂参与度	能积极参与课堂教学活动,如回答问题、讨论、实验、实践、创作等,能够独立完成或合作完成各项任务;且有自己的观点和创新之处。	能积极参与课堂教学活动,如回答问题、讨论、实验、实践、创作等,能够独立完成或合作完成各项任务。	能够在老师和同学的提醒下,参与课堂教学活动,如回答问题、讨论、实验、实践、创作等。
	意志品质	持久学习耐力	能够长期保持学习兴趣和热情,学习状态稳定。	能够在一段时间内保持学习兴趣和热情,学习状态相对稳定。	学习热情随着学习状态和学习结果有起伏和变化,但在老师和家长的鼓励下,能够及时调整。
		克服困难品质	主动挑战学习困难,遇到困难不退缩,积极寻求解决办法。	遇到学习上的困难能够正确面对,并努力寻求解决办法。	遇到学习上的困难有逃避倾向,但在老师、家长和同学的帮助下,最终能够克服困难。

续表

评价领域	评价维度	评价内容	分级指标 A	分级指标 B	分级指标 C
情感态度		家国情怀	热爱祖国和家乡,以作为一名中国少年而骄傲,积极参与少先队活动,且表现突出。	热爱祖国和家乡,以作为一名中国少年而骄傲,能够参与少先队活动。	对祖国和家乡有一定的感情,能够参与少先队活动。
		社会责任	具有社会小公民的责任和担当,能够自觉遵守公共场所及校内的各项规章制度,是践行规范的小楷模。	具有社会小公民的责任和担当,能够较自觉地遵守公共场所及校内的各项规章制度。	在老师、家长和同学的敦促下,能够基本遵守公共场所及校内的各项规章制度。
		国际视野	积极参与学校国际交流项目,在尊重和理解本国文化的基础上能够主动了解外国文化和社会习俗,具有初步的跨文化意识。	能够参与学校国际交流项目,在尊重和理解本国文化的基础上了解一些外国文化和社会习俗。	通过对中外文化的学习,能够了解本国文化和外国文化的异同,增进对不同文化的理解。
习惯与策略领域	学习习惯	观察习惯	善于观察,能够通过观察发现异同,总结规律。	能够通过观察发现异同,找到答案。	在老师和同学的提示和帮助下,能通过观察找到答案。
		倾听习惯	课堂上能够认真听讲,不走神,不做与学习活动无关的事,思想集中时间保持在30分钟以上。	课堂上能够较认真地听讲,基本不走神,不做与学习活动无关的事,思想集中时间保持在25分钟以上。	在老师或同学的提醒下,基本能够认真听讲,偶尔会走神或做与学习无关的事,思想集中时间保持在20分钟以上。
		表达习惯	乐意表达自己的观点、想法、解题思路、实验或创作方案及结果,积极进行话题演讲、故事表演及调查汇报,内容完整,语言流畅,言能达意。	能够表达自己的观点、想法、解题思路、实验或创作方案及结果,能够参与话题演讲、故事表演及调查汇报,内容基本完整,语言较为流畅,言能达意。	在老师和同学的帮助下,能够尝试表达自己的观点、想法、解题思路、实验或创作方案及结果,内容大致完整,语言基本达意。

续表

评价领域	评价维度	评价内容	分级指标 A	分级指标 B	分级指标 C
		思考习惯	积极思维，勤于思考，注重思考过程，能在深思熟虑后作答。	能够进行思考，关注思考过程，能在思考后作答。	在老师和同学的帮助下，能经过思考后作答。
		作业习惯	按时、按要求完成书面和口头作业。书面作业字迹端正，簿本整洁，正确率高。口头作业或预、复习工作质量高。	按时、按要求完成书面和口头作业。书面作业字迹较端正，簿本较整洁，正确率达标。口头作业或预、复习工作到位。	基本按时、按要求完成书面、口头或预、复习作业。
	学习策略	自主学习	具有极强的自学能力，能够通过多种自主探索方式寻求客观答案。	有较强的自学能力，能够通过一定的自主探索方式寻求客观答案。	能进行自主学习，有时需要老师或家长的辅导。
		合作学习	能够积极与他人合作完成学习任务，在合作中承担重要的分工角色，合作学习效果突出。	能够与他人合作完成学习任务，在合作中承担一般的分工角色，合作学习效果较好。	在合作中能够做力所能及的工作，配合其他成员共同完成任务。
认知领域	低层次认知	事实知识	熟练掌握各科的事实知识，并能进行初步运用。	能够理解各科的事实知识。	基本了解各科的事实知识。
		概念知识	熟练掌握各科的概念知识，并能进行正确判断和初步运用。	能够理解各科的概念知识。	基本了解各科的概念知识。
	高层次认知	程序知识	熟练掌握各科的程序知识，并能进行初步运用。	能够理解各科的程序知识。	基本了解各科的程序知识。

这一评价框架涵盖了三大领域、七个维度、十七项内容，既能体现出学校综合教育教学的整体性，又能给予各学科足够的空间进行具有本学科特征的评价开发，使评价更能彰显学校特色和学科特色。

（一）情意领域的评价

情意领域主要从学习动机、意志品质和情感态度三个维度进行评价。

学习动机是情意领域中一个主要的评价维度，包括对学生课内课外的学习兴趣、课堂学习活动的参与度等内容的评价。兴趣和参与度都是学习动机的外在表现形式，可以通过观察和记录获得评价依据，教师、学生、家长均可评价。

意志品质是决定学生学习成效的重要因素，通过课程学习，有意识地培养学生持久的学习耐力和不畏学习困难的精神，将对学生的终身学习产生积极影响。因此，将学习耐力和克服困难的坚韧性也纳入到评价范围中。

通过文献梳理，我们发现世界各国都在进行对于核心素养的研究，除了强调传统的基本素养，如语言能力、数学素养、问题解决能力等，更高度重视与社会发展、国家发展趋势相统一的情感态度价值观等方面内容。因此，我们把家国情怀、社会责任和国际视野等情感范畴的内容作为评价学生的另一个维度，以期实现培养"完人"的教育目标。

（二）习惯与策略领域的评价

对习惯与策略领域的评价主要围绕学习习惯和学习策略两大维度展开。

小学阶段，认知发展只是启蒙而已，还是以养成教育为主，引导学生养成良好的行为习惯、学习习惯和生活习惯比教授知识更重要。良好的学习习惯将使学生终身受益，我们通过对学生观察习惯、倾听习惯、表达习惯、思考习惯和作业习惯的评价，来强化教师对学生进行习惯培养的意识和学生习惯养成的自觉性。

学习策略的习得实际上强调的是关注学生的学习过程，在知识传授和技能训练的过程中教会学生有效学习的方法，使学生学会自主学习及与他人合作学习，通过对这两种学习策略的评价，增强学生的学习能力。

（三）认知领域的评价

认知领域的评价强调对知识结果、心智能力与技能的评价，以往的评价虽然对认知领域非常关注,但仅以纸笔测试为方式,其所关注的评价内容大多仅限于低层次的认知,而对于高层次的认知在小学阶段似乎并不多见。因此,我们在对原有认知领域评价的基础上,尝试探索对高层次认知的评价,使认知领域的评价更具科学性。

事实知识指学生学习科目或解决问题必须知道的基本元素,它包括术语的知识及特定细节和元素的知识。概念知识指凝聚出具功能性且较大结构的基本元素之相互关系,即从较复杂、较大结构的基本元素间抽取共同功能属性,予以分类、归类与整合而成为某类事物全体的知识。程序知识指如何完成某些事的知识,即探究如何完成某些事的方法,以及正确运用技巧、演算、技术和方法标准的知识。[1]

无论是事实知识、概念知识还是程序知识,其认知历程大致会经历由简单到复杂的六个阶段,即记忆、理解、应用、分析、评鉴和创作的思维发展阶段。由此可见,记忆只是认知过程中最低层次的思维品质,因此长期、大量地对学生识记知识的能力进行评价显然是不够全面的。我们的评价应更多地关注到学生对知识的理解和应用上,并尽量兼顾分析、评鉴和创作这些高层次的认知。

三 学习评估的实战操作与现场演绎

学生学习过程与成效的评价框架具有领域宽、维度多、内容全的特点,它既适用于基础型课程,也适用于探究型和拓展型课程;既具有全学科的普适性,又给予各学科足够的空间进行学科特色化实施。

(一) 参照评价框架,依据学科特点,细化评价标准

学科性质不同决定了评价内容和评价标准的不同,在针对学生学习的总体评价框架中,分级指标只是给出了总体的方向,具体细化还需要各学科根据本学科特点进行进一步架构。这种架构的方式有很多,可以是选择评价框架中某几个维度进行综合细

---

[1] 李坤崇.教学评估——多种评价工具的设计及应用[M].上海:华东师范大学出版社,2011.

化,也可以是根据某一个维度进行专项细化。

如英语学科中,起始年级的倾听习惯培养很重要,因此,英语组就评价框架中的"倾听习惯"进行了专项细化。评价框架中的倾听习惯只是对上课认真听讲的情况作了分级描述,而由于英语学科听和说密不可分的学科特点,英语组在原来"倾听习惯"分级指标的基础上又增加了"根据听到的指令,做出相应反应的情况"、"根据听到的问题,做出相应回答的情况"和"根据他人表现,做出相应评价的情况"的分级指标,并增加了"期望表现"、"评价主体"和"评价方式"。(见表1-2)

表1-2 黄浦区卢湾二中心小学英语学科"倾听习惯"评价量规

评价内容	观测点	期望表现	评价等第标准 ☆	☆☆	☆☆☆	评价主体	评价方式
倾听习惯	1. 上课思想集中程度和听课的情况。	课堂上能够较认真听讲,不走神,不做与学习活动无关的事,思想集中时间保持在25分钟以上。	在老师或同学的提醒下,基本能够认真听讲,偶尔会走神或做与学习活动无关的事,思想集中时间保持在20分钟以上。	课堂上能够较认真听讲,基本不走神,不做与学习活动无关的事,思想集中时间保持在25分钟以上。	课堂上能够认真听讲,不走神,不做与学习活动无关的事,思想集中时间保持在30分钟以上。	自评+师评	课堂观察
	2. 根据听到的指令,做出相应反应的情况。	能听清教师的课堂用语或指令,较好地理解其意思,并能正确地做出行为反应。	能大致听清教师的课堂用语或指令,基本理解其意思,能在老师或同学的帮助下做出正确的行为反应。	能听清教师的课堂用语或指令,较好地理解其意思,并能正确地做出行为反应。	能听清教师的课堂用语或指令,完全理解其意思,并能正确且快速地做出行为反应。	师评	课堂观察
	3. 根据听到的问题,做出相应回答的情况。	能听清教师或同学提出的问题,较好地理解其意思,并能做出正确的回答。	能大致听清教师或同学提出的问题,基本理解其意思,能在老师或同学的帮助下做出较为正确的回答。	能听清教师或同学提出的问题,较好地理解其意思,并能独立做出正确的回答。	能听清教师或同学提出的问题,完全理解其意思,并能做出正确且快速的回答。	师评	课堂观察

续表

评价内容	观测点	期望表现	评价等第标准 ☆	评价等第标准 ☆☆	评价等第标准 ☆☆☆	评价主体	评价方式
	4. 根据他人表现，做出相应评价的情况。	能倾听同学的发言，能根据他人的表现，用简单的语句进行评价。	在老师或同学的提醒下，能倾听同学的发言，能够用肢体语言做出相应的评价。	能倾听同学的发言，并根据他人的表现，用简单的语句进行评价。	能倾听同学的发言，并根据他人的表现，用简单的语句进行评价，并能简单说明理由。	互评	课堂观察

（二）评价前，明确评价目标，知晓评价标准

细化了量规后，教师可以拿着这个量表进入课堂，进行教学和评价的实施。评价之前，有必要让师生明确评价目标。通过学习准备期活动，帮助一年级学生了解评价目标，比如："通过激励性的评价激发学生学习英语的兴趣，帮助学生养成良好的学习习惯，促进学生语言技能的初步发展。经过一年的学习，使大部分学生能爱英语，乐表达；善倾听，敢开口；勤模仿，好表现。"其中，"善倾听"指向的就是倾听习惯。

明确评价目标后，还要让学生知晓评价标准。没有理由把学生蒙在鼓里，不让他们知道教师要评价什么内容，参照什么标准来评价。虽然学生还很小，对这些评价标准可能会存在理解上的困难，但教师应尽可能地帮助学生知晓、理解并熟悉这些评价等第与标准，特别是老师期望他们的表现是什么，以及怎样的表现可以得到怎样的评价（几颗星），以便学生可以对自己的行为进行自我评价，使学习过程更加有效。

（三）评价中，进行过程观察，做好观察记录

在进行教学活动时，先将评价量规转化为符合一年级学生认知水平的可视、可懂的评价量表，并以 Assessment Sheet 的形式加以呈现（见表 1 - 3：Assessment Sheet for Module 1）。评价时，无论是自评、互评还是师评，教师和学生都要注意观察被评价者的表现，然后依据评价标准圈出相应颗数的星星，这样不仅操作方便，也可留下过程性的资料。

表 1-3　Assessment Sheet for Module 1

Listening 〔耳〕 Habits	Listen to the lessons.	★★★
	Listen to the instructions.	★★★
	Listen to the questions.	★★★
	Listen to the peers.	★★★

(四) 评价后,进行评价汇总,做好结果分析

期末时,教师或学生应对所有有关倾听习惯的评价量表进行汇总和分析,将每一次评价时学生所摘得的星数相加,根据每一次的摘星总数形成一份倾听习惯评价走势图(见表1-4:倾听习惯评价走势图),帮助学生了解自己整个学期的倾听习惯养成状况。出于保护低龄学生学习兴趣和心理健康的考虑,秉持"不跟别人比,只和自己比"的评价原则,通过纵向评价比较,让学生明确自己是否进步。然后教师可以根据走势图对学生一个学期的倾听习惯进行简单的描述性评价。

表 1-4　倾听习惯评价走势图

Assessment Sheet

Class_____　Name_____　No._____

```
40
35
30
25
20
15
10
 5
(stars)
        M1      M2      M3      M4
```

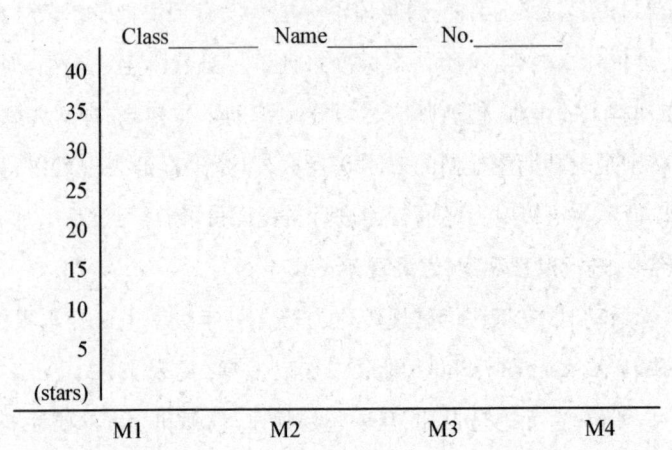

Assessment：

案例 1-1

特色作业的分级评估研究

一、背景与意义

上海市普通中小学课程的基本理念是以学生发展为本,坚持全体学生的全面发展,关注学生个性的健康发展和可持续发展。教师要树立课程要为学生提供多种学习经历的观念,通过创设学习情境、开放实践环节和拓宽学习渠道,帮助学生在学习过程中体验、感悟、建构并丰富学习经验,实现知识传承、能力发展、积极情感形成的统一。因此,我校的基础性课程除了常规的作业以外,各学科各年级都围绕课程标准,在课程设计和课程实施的过程中开发和编制了特色作业。这些作业有别于单项、基础的常规作业,以综合性、开放性和整合性为特点,丰富了学生的学习经历,锻炼了学生的综合能力。

但是如何对这些课程特色作业进行有效的评价,一直是摆在课程教师面前的一个难题。由于特色作业的特点，直接沿用常规作业的评价方法显然不够全面不够科学。而自从我校开展 L-ADDER 课程分级评估工具的研究以来，教师对评价方式有了全新的认识，借助这套分级评估工具，英语组的教师们重新设计了英语课程特色作业的评价方案。

二、评估与聚焦

在学校课程领导实验室的指导下，教师一方面基于课程标准，把握课程标准的内容与要求，理解课程标准的评价意义，一方面依据学科学习特点和学生年龄特点，以《卢湾二中心小学课程设计开发量规》为依据，合理设计评价目标、评价内容与评价方式，从而完成了课程特色作业评估量规的设计。

（一）评价维度的设置

在学生接受任务、思考实施直至最终完成课程特色作业的整个过程中，教师要在评估工具的帮助下，有效地关注到每一位学生的学习兴趣所在和学习习惯的养成，观察每位学生是否合理并准确地运用了课程知识，这些课程知识是否已经内化为学生的个人能力，学生是否能把个人的努力和团队的合作相结合。因此，我们将特色作业的评估设置为学习兴趣、学习态度、知识技能、创新合作这四个维度。希望能在明确这四个维度的基础上，更好地观察和评估学生达成课程标准要求的情况以及学生的个体发展情况。

（二）评价内容的确立

在维度设定好以后，教师要进一步思考如何在每个维度上设计出合理并有效的评价内容。特色作业和常规作业的不同之处在于，它更强调知识点的整合，学生只有把学到的课堂知识，甚至是在不同课程中学到的知识融会贯通，结合自己的生活和学习经验加以综合运用，才能出色地完成一份具有挑战性的特色作业。因此，特色作业的评价内容也有别于常规作业在模仿性、准确性等方面的评价要求，更侧重于对学生综合运用知识的能力以及个性发展方面的评价。以四年级英语特色作业为例，教师设计了以下的评价内容。

表1-5 英语学科特色作业评价量规

评价内容 \ 等第	A	B	C
学习兴趣：能主动搜集相关素材，并将其运用到作业中。			
学习兴趣：按照作业要求积极动脑，作业质量高。			
学习态度：能及时完成作业，在规定的时间内上交。			
学习态度：作业字迹端正，页面整齐，适当美化。			
知识技能：作业中能准确运用相关的语言内容。			
知识技能：作业中能体现出一定的组织、归纳、设计能力。			
创新合作：作业有自己的特色，融入自己的思考，不照搬照抄。			
创新合作：能将其他学科学到的知识和方法，或从同学、家长、网络学到看到的好方法运用到作业中。			

这份分级评估工具初步设计完成之后，课程领导实验室使用学校课程管理与领导分级评估工具之《课程实施量规》对这套评价方案进行了初次评估打分，得分情况如下：

表1-6 英语学科特色作业评价设计打分表

评价项目	4	3	2	1	自评	分管评	综合评定
课程实施评价	能坚持通过课堂观察、质量监控等途径监控教师的课程实施情况。	不定期通过课堂观察、质量监控等途径监控教师的课程实施情况。	有时能通过课堂观察、质量监控等途径监控教师的课程实施情况。	不能通过课堂观察、质量监控等途径监控教师的课程实施情况。	2	2	2
课程实施反馈	能够针对课程实践中出现的问题及时组织反馈。	能较好地针对课程实践中出现的问题组织反馈。	偶尔针对课程实践中出现的问题组织反馈。	没有针对课程实践中出现的问题组织课程实施反馈。	2	1	2

三、改进与提升

第一次的评估得分并不尽如人意,通过对照量规,教师们发现得分低的原因主要是两个方面出了问题,第一是评价内容的表述缺乏针对性,不能准确地表达出具体到这项作业的评价要求;第二是评价内容需要进一步细化,以便后期实施的时候更具可操作性。

教研组的老师们和学校课程领导实验室的分管领导一起,对发现的问题逐条进行了讨论,提出了修改意见。

在原先的评价表中,教师在评价内容中只是笼统地用"作业"两字来描述,而对作业的具体内容没有进行表述,这样使得教师在评价时没有一个具体的切入口来进行操作。以知识技能这个维度为例,原来对评价内容的表述是"作业中能准确运用相关的语言内容",这个相关内容具体是什么语言知识,无论是学生还是教师看了以后都不甚明了。对照量规,我们将知识技能方面的评价内容改为这样的表述:"在调查表和地图中能准确地填写学校各个场所的英语名称,方位词运用恰当,动词词组使用准确","在最后完成的报告中,句型运用恰当,报告结构合理"。这样的改动能让学生对于这项作业要求运用哪些语言知识非常明确,他们可以在完成时有意识地将这些知识加以运用,同时也能让教师明确到底从哪些点来对学生完成作业的质量进行考察,使得评价更具针对性。

同时大家发现,原来的评价表虽然给出了三个评价等第,但是并没有对每个等第对应的完成情况进行界定,因此难以做到量规中要求的"针对课程实践中出现的问题及时组织反馈"。为此,我们对分级评价表进行了改进,根据评价内容,将每一个等第应该达到的要求进行了详细的描述。以创新合作维度中的"能将课外知识运用到作业中,能与他人合作,共同完善作业"这个评价内容为例,能做到"独立或与他人合作绘制有特色的地图,作业中能看到课外学到的词汇"的才能得到 A 的等第,"没有课外的词汇,但能将文本中学到的课本以外的词汇加以运用"的则可以得到 B 的等第,而"仅仅照搬课本中的词句"的就只能得到 C 的等第了。这样的改动,让学生在着手完成作业之前,就可以对照量规,判断自己的能力可能达到的标准。

修改后的评价方案再次接受了《课程实施量规》的评估打分,大家欣喜地发现,之前存在的缺乏针对性、不够细化等问题基本得到了解决,这次的自评分和分管评分基本都能达到3分以上了,总分达到了7分,这份特色作业评价量规最终得到了学校课程领导实验室的认可,可以在四年级的英语课程中进行实际运用了。

表1-7 四年级英语特色作业分级评价量规

评价内容 \ 评价等第	A	B	C
学习兴趣：能主动搜集学校各个场所的照片和相关信息,并将其运用到作业中。	积极调查了解学校各个场所的位置和功能;除了常规场所,还能了解特色教室的信息。	积极调查了解学校各个场所的位置和功能,对学校的常规场所有全面的了解。	只是将课文中学到过的学校场所信息运用到作业中,信息了解不够全面。
学习兴趣：按照特色作业要求,高质量地完成调查表、地图和报告。	调查表填写详尽,地图制作精良,报告描述全面,有特色教室的介绍。	调查表能基本反映学校的各个场所,地图制作清晰,报告全面介绍了学校的各个常规场所。	调查表、地图和报告能基本符合要求,但介绍不全面,制作显马虎。
学习态度：能及时完成作业,在规定的时间内上交。	高质量、高效率地上交作业。	在规定时间内上交作业,质量较好。	能上交作业,但质量不高。
学习态度：作业字迹端正,页面整齐,适当美化。	字迹端正,页面整齐,装订有序,既有美化又不喧宾夺主。	字迹认真,装订整齐,有简单的美化。	能完成文字部分,能装订成册,未进行美化,或草草了事。
知识技能：在调查表和地图中能准确地填写学校各个场所的英语名称,方位词运用恰当,动词词组使用准确。	调查表和地图中填写的单词和词组拼写准确,用词恰当。	调查表和地图中的单词和词组没有大的拼写错误。	单词或词组有拼写错误,或用词不准确。
知识技能：在最后完成的报告中,句型运用恰当,报告结构合理。	报告有条理性,结构合理,详略得当,既全面介绍了常规场所,又有选择地介绍了特色教室。	句型运用没有大的语法错误,较全面地介绍了学校的各个常规场所。	报告语句简单,有语法错误,介绍不够全面。

续表

评价内容 \ 评价等第	A	B	C
创新合作	作业有自己的特色，融入自己的思考，不照搬照抄。	不照搬学过的文本，报告体现自己的思考，作业整体设计有个性有特点。	作业设计有一定的自己的想法，但还不成熟，或制作不够精良。	没有自己的特色，按部就班地完成作业。
	能将课外知识运用到作业中，能与他人合作，共同完善作业。	作业中能看到课外学到的词汇，能独立与他人合作绘制有特色的地图。	没有课外的词汇，但能将文本中学到的课本以外的词汇加以运用。	用词造句简单，仅仅照搬课本中的词句。

学校"课程管理与领导的分级评估研究"从根本上改变了教师的课程作业实施行为。在没有进行分级评估研究之前，特色作业常常是以这样的流程完成的：教师布置特色作业，学生在了解了作业要求后在一定的时间内完成作业，教师对学生的作业进行评价。但是当教师在课程特色作业中运用了分级评估量规以后，这个流程发生了变化，让我们仍以这份四年级英语特色作业为例，看看这份评估工具是如何被运用的。

1. 教师向学生出示量规，学生了解评价指标

这份作业的要求是要学生通过观察、调查学校两个校区的各个教室及场所，完成一份学校校区地图的制作，并在此基础上完成一份调查报告。在布置这项作业的时候，教师就把评价量规出示给学生。学生明确量规中要评价的几个方面以及具体评价标准。

2. 学生根据量规内容，对照完成特色作业

学生在明确了作业要求后，仔细观察量规中的评价内容，这个过程是学生明确作业要求并对自己提出要求的过程。比如说学生在看到"创新合作"这一维度的评价内容后，就会明白自己如果能与同伴合作完成这份作业并且能将课外学到的词汇等运用到作业中，就能在这一维度的评价中得到A的评分，那么那些有能力的学生就会按这一要求去实施。

3. 各评价主体依据量规对特色作业做出评价

在学生完成作业后，首先根据量规所列评价指标，由学生对其中可以自我评价及生生间互相评价的部分做出一个初步的评价，再由教师根据量规做出综合评价，完成对这份作业的最终评估。例如在学习态度这一维度中，就可以由学生进行互相评价，

对作业的美观和整洁程度做出评估。而知识技能、创新合作等维度的评价,则主要由教师完成。

在没有使用评价量规的时候,老师对学生特色作业的评价有随意性。学生的特色作业不同于常规作业,没有统一的标准,教师的评价往往主观性比较强,难以做到客观公正、标准统一。在参加了学校的"课程管理与领导的分级评估研究"之后,教师在设计特色作业的同时,就设计好了对该作业的评估量规,形成一个完整的特色作业体系。

在实际操作中,我们发现,由于量规对学生的特色作业设置了全方面、立体式的评价标准,因此评价者就能摆脱之前评价时的随意性,而进行有理有据的评价,评价变得有标准、易操作、可比较。同时,量规对评价内容的得分标准进行了详细的描述,无论评价主体是学生本人,还是其他学生,抑或是家长和教师,都能在评价时很容易地对照量规进行操作。学生在拿到了评价等第的反馈以后,也能再次对照量规,找到自己的不足之处,明确自己可努力的方向,从而使评价真正为学生的发展服务。

纵观这个评价方案从初步设计,到使用《课程实施量规》进行评估,然后修改完善,接着进行再评估,直至最终形成一份较为完善且具可操作性的评价方案的整个过程,《课程实施量规》的科学性和实用性得到了充分的体现。和之前没有量规时单靠教师的自我反思来发现问题、解决问题的模式相比较,使用量规能更科学有效地帮助教师发现评价方案设计时存在的问题,同时,在量规的帮助下,教师也能更迅速地找出改进的方向。

(案例撰写:鲍琤)

案例 1-2

博物馆奇妙日评价细则

一、背景与意义

德育课程内容与学科课程内容相比较而言,更多元化,而且也有它的独特性。其静态的教学内容和学生丰富多彩的现实生活相联系,关注社会新的发展和变化,从教科书扩展到学生的整个生活空间，具有强烈的现实性和可亲近感。

参观体验是德育教育的一种有效途径，而博物馆又是人们享受终身教育的第二课堂，是学生观察自然、体验社会的窗口，更是一种文化启蒙。学校德育处面向全体学生，设计开发了博物馆奇妙日课程。根据学生年龄、兴趣等特点，每个年级每个学期安排了不同的博物馆进行参观探究。但是，学生经常存在"去过了，但不知获得了什么"的情况。参观后，我们怎么来评价学生活动的成效？从哪些方面评价？在之后的实践中，德育处也与班主任老师们进行了交流和讨论，想用"活动任务单"的形式来填补学生评价内容的缺失。学生也从"不知获得了什么"发展到了"获得了一些什么"。

二、评估与聚焦

德育处和年级组长团队及班主任、任课老师代表共同讨论了设计方案，我们将聚焦点放在课程中"任务单"内容设计的广度、科学性及适合度，还有评价方式的优化上。具体要点如下：

（一）优化博物馆任务单

我们探索博物馆奇妙日评价内容与学科整合的核心基调。将语文、数学、英语、美术、自然等不同学科根据各博物馆隐藏的知识链作了拓展，设计了10套精、博、趣的"博物馆任务单"，引领学生观博，让孩子们通过记录、探究、思考，把书本上的知识在博物馆中进一步综合运用。

我们以一年级第一学期的《儿童博物馆任务单》为例。

其特点是让孩子们通过与学科的链接点了解博物馆，如语文、数学、自然、美术、探究，每个版面里都有拓展思维训练，引领小朋友们在参观之余进一步地开动脑筋，创新设计，实践探索。任务单能观察到学生能力的成长，包括计算、阅读、设计、归纳、想象等方面。

（二）存在的问题

依据《卢湾二中心小学学生学习分级评估框架》，我们发现，评价方法还有不少问题，主要表现为两点：

1. 缺乏评价细则。在实际操作中，我们发现并没有具体的标准，只是根据学生的任务单达成情况大致给出星数,特别是在设计等能力的评定中,教师的主观判断成分较大,评价缺乏一定的依据。

2. 评价实施者有些随意。一份任务单的量是很大的,又涉及到许多学科,以往主要由班主任和大队部老师来操作,但这显然是不科学的,比如一些设计类内容,需要专业老师靠专业的水平去评价。而且,哪些由学生自评,哪些由教师评定,也没有明确的要求。

(二) 制定与改进评价细则

根据上述内容,我们首先完成了博物馆奇妙日课程儿童博物馆的评价细则。

1. 使用学习分级评估工具,制定评价标准

依据我校的学生学习分级评估框架,评价标准涵盖情意、习惯与策略和认知三大领域,我们由此为一年级《儿童博物馆任务单》制定可操作的评价细则。在任务单内容的构成上,我们以对于学生的知识及能力的掌握进行评价为重点,当然也有学习态度的评价。我们在三大领域中选取了某几个维度,每个维度选择其中的几个内容进行具体细化。依据这个原则,我们制定了《儿童博物馆任务单》评价标准。

表1-7 《儿童博物馆任务单》评价标准

评价领域	评价维度	评价内容	观察点	分级指标 ☆☆☆☆☆	☆☆☆☆	☆☆☆
情意领域	学习动机	学习兴趣	认真完成任务单	积极认真完成任务单中每一项内容,还能进行恰到好处的美化。	能完成任务单中的每一个项目,简单美化。	不能完成任务单中所有项目,完成得很敷衍,没有美化。
情意领域	情感态度	社会责任	自觉遵守博物馆参观规则	具有小公民的责任和担当,能够自觉遵守博物馆参观的各项规则,做到文明观博。	具有小公民的责任和担当,能够较自觉地遵守博物馆参观的各项规则。	在老师和同伴的提醒下,基本能够遵守博物馆参观的各项规则。偶尔有不文明现象。
习惯与策略领域	学习习惯	观察习惯	善于观察博物馆各主题场馆及相关主题内容	善于观察,能够通过观察充分了解博物馆内各主题场馆及主题内容,找到正确答案。	能够通过观察基本了解博物馆内各主题场馆及主题内容,找到答案。	在老师和同伴的提示和帮助下,能通过观察找到答案。

续表

评价领域	评价维度	评价内容	观察点	分级指标 ☆☆☆☆☆	☆☆☆☆	☆☆☆
		思考习惯	积极独立思考	积极思维,能够独立思考,注重思考过程,能在深思熟虑后对任务单中的每个项目进行作答。	基本能够进行独立思考,关注思考过程,能在思考后对任务单中的每个项目进行作答。	在老师和同伴的提醒下,能经过思考后作答。
	学习策略	自主学习	能独立自主完成任务单	具有极强的自学能力,能够通过多种自主探索方式寻求任务单中问题的答案和解决问题的方法。	有较强的自学能力,能够通过一定的自主探索方式寻求任务单中问题的答案和解决问题的方法。	能进行自主学习,有时需要老师或同伴的帮助来学习。
认知领域	低层次认知	概念知识	博物馆卡通形象的掌握	能准确介绍卡通形象的特点和本领。	能基本介绍卡通形象的特点和本领。	介绍卡通形象的特点和本领较困难,或出现错误。
			对于馆内自然类知识的掌握	能完全了解常见海洋动物,并能准确进行分类,能很好地完成拓展问答。	能基本了解常见海洋动物,并能进行分类,能完成拓展问答,略有不足。	对常见海洋动物的分类有错误,拓展问答较难回答。
	高层次认知	能力发展	阅读能力	能正确地完成说一说、读一读、认一认、写一写中的内容,并能用连贯、生动、有感情的语言表达出来。	能基本正确地完成说一说、读一读、认一认、写一写中的内容,语言较流畅。	能在家长或老师同学的帮助下完成所有内容,但存在错误,表达欠流畅。
			计算能力	能准确算出距离,并能做出合理的区分,能运用计算知识安排最合理的路线。	能准确算出距离,基本能做出合理的区分,能运用计算知识安排较合理的路线。	计算有错误,难以合理做出区域的区分和路线的安排。

续表

评价领域	评价维度	评价内容	观察点	分级指标 ☆☆☆☆☆	☆☆☆☆	☆☆☆
			设计能力	有自己独到的眼光和观点,有丰富想象力。彩泥船制作精美、有创意。场馆设计有趣并有一定的可行性。	一定程度上能有不一样的眼光和观点,有想象力。彩泥船制作较精美,有一定创意。场馆设计趣味尚可。	缺乏想象力,彩泥船制作及场馆设计普通。

2. 评价原则

根据博物馆任务单中已有的评价表,星级评价分为知识、能力、态度三大方面。在统计星数时,我们是这样划分认定的:表中评价内容维度中的"学习兴趣"、"社会责任"、"观察习惯"、"思考习惯"、"自主学习"都归为"态度"的评价依据,3/5都评到5星的,则认定此项为5颗星;3/5评到4星的,则认定此项为4颗星;3/5评到3星的,则认定此项为3颗星。评价内容维度中的"概念知识"作为"知识"的评价依据:2个子内容星数相加除以二为此项的结果,比如一个评定为5颗星,另一个评定为4颗星,则最后认定此项为4星半。评价内容维度中的"能力发展"作为"能力"的评价依据,每项内容单独获得的星数,即为此项能力的星数。

3. 落实评价者,做好评价的实施

博物馆任务单的评价项目是多元的,涉及到各个学科的相关知识点,因此,我们可以看到其资料是相当多的。班主任在评价实施中是一位"指挥官",他们会直接联系学科负责教师,把相关知识和任务传达给教师,学科教师则按照评价标准给学生做出客观正确的评价。其中在阅读能力的评定中,有一项内容还需家长的评定。认知领域中的评价标准都有了具体的评价实施者。

三、改进与提升

我们在学生进行新一轮博物馆活动时用上了它,有了这份量表,老师在评价时就有了落脚点,能较客观地根据量表中的细则对号入座。不过我们也发现,在实际操作中一些评价点有些问题,需要再一次进行优化。改进如下:

（一）评价的优化

我们发现,在观察习惯、思考习惯这两项评价细则上,班主任在整个观博过程中,既要关注学生纪律和安全,又要关注评价,很难做到对每一位学生做出确切的评价:学生到底是通过自己的观察得出结果,还是别的同学告知?针对这一问题,我们改变了此项评价者的认定。由教师认定改为学生间互相评价,发挥小队长的能力,由其对组内的成员给予客观的评价。这样一来,教师不再犯难,不会因为没有关注到学生学习的真正过程和能力而凭主观记忆给孩子一个星数的认定;而且还能锻炼学生分组活动能力和评价能力。学生的参与度和关注度更高了,也在一定程度上改变了自己的一些学习习惯。

（二）能力呈现的优化

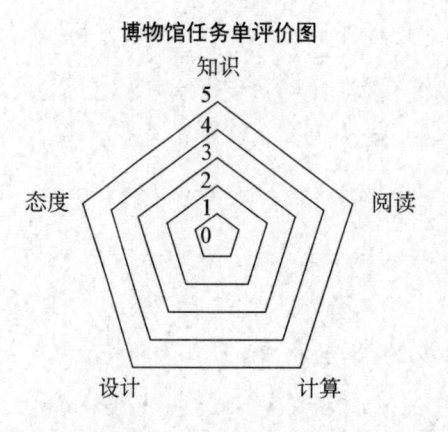

博物馆任务单评价图

在原来的评价表的呈现中,都为星数的认定。为了帮助学生更直观地了解自己哪些能力强,哪些能力弱,我们把每个能力发展点根据星数评定分为5级敲章,并按级数制作"雷达图"。在"雷达图"中,突出部分为学生较强能力,凹下部分为学生弱势能力。学生能根据雷达评价图了解到自己的强势能力和弱势能力。目前,博物馆日评价手册已经在全年级中推广开来,通过评价细则,我们确保了孩子在博物馆游学过程中玩得有质量、学得有兴趣,真正使博物馆成为了"淘淘丫丫"们开阔视野的课堂。目前,还只是针对部分博物馆设计了评价量表,其他的评价量表还在陆续设计制定中。而且,在实施的过程中,我们还将不断地改进和完善评价细则,给予学生更合理的评价,有效地帮助学生提高学习动能,获得能力的增长。

（案例撰写:袁姚萍）

案例 1-3

丰富评价内涵，促进思维发展

一、背景与意义

苏霍姆林斯基说过:"教师工作最重要的是把学生看成是活生生的人。师生间是活生生的相互关系。"对于学生而言,课堂学习是其学校生活的最基本构成,它的质量直接影响学生当下及今后的多方面发展和成长;对于教师而言,课堂教学是其职业生活的最基本构成,它的质量直接影响教师对职业的感受和专业水平的发展及生命价值的体现。那么怎样评价课堂教学,什么样的课才是好课？这个问题往往众说纷纭。对事物的评价,由于立场有区别、内容有取舍、标准有差异,其结论就会大相径庭。对课堂教学的评价也是如此。一堂课后,常有褒贬之争。A说好,B评差,C认为一般。说好是对的,评差也没错,认为一般同样有道理,因为大家评价的角度不一。

在我国,课堂教学评价概括起来有三类:以奖惩为目的,为实现教育管理而进行的课堂教学评价;以人为中心的发展性课堂教学评价;以诊断、改进教与学为目的,为教学决策服务的课堂教学评价。目前的课堂教学评价基本上是:确定一个评价指标体系,制定一套评价量表,由特定的人或群体对教师的课进行打分,综合统计算出平均分,即为评价结果。而课堂教学评价是一个复杂的教育问题,涉及到诸多因素,这一追求客观化、数量化的评价模式已不能适应现代多元化的课堂教学。

我校的科研课题《卢湾二中心学生学习分级评估框架》结合了我们对新课程理念的认识,认为学生在课堂中的状态才是课堂评价的主要对象,评价要以人为本,以发展为本,只有充分发挥评价的导向功能和反馈纠正功能,才能改进课堂教学。

二、评估与聚焦

在认真学习理解了《卢湾二中心小学学生学习分级评估框架》后,我学会了更加理性地来分析学生在课堂中的状态,及时调整、优化课堂教学。

例如，《神秘的恐龙》是小学语文第五册教材中的一课，是一篇科学常识类的说明文，讲的是恐龙原是地球上的庞然大物，它的灭绝至今是科学上的一个谜。文中列举了科学家推测的四种可能的原因。动物一向是小学生喜欢的，恐龙又因其庞大和神秘使大多数人为之好奇，所以，《神秘的恐龙》一文是较让学生感兴趣的。可是第一次的试教结束后，虽然感觉教学环节实施得较为顺畅，但并没有达到我预期的精彩，课堂气氛较为沉闷。其中有两点特别明显：

1. 学生在读通课文之后，并没有主动地去梳理内容，没能概括归纳出恐龙灭绝的四个可能原因。

2. 根据教材课后"说写双通道"的练习（恐龙消失至今是个谜，你能推测恐龙是怎么神秘消失的吗?），可以发现学生的思维完全局限在教材中，并没有期待中那种体现思维深度和广度的回答。

初次执教的遗憾，让我冷静下来思考，什么才是一堂好课。它应该更明确地凸显在教学的主体——学生身上，主要考察学生的学习过程及成效。

依据我校的学生学习分级评估框架，我开始为《神秘的恐龙》一课的教学制定全面的、详尽的、可操作的学生课堂表现细则。制定的课堂表现细则更多地关注学生在课堂学习过程中的参与状态和思维状态。评价标准涵盖情意、习惯与策略和认知三大领域，但不求面面俱到。根据语文学科的特点及本课的具体情况，我在三大领域中选取了某几个维度，每个维度选择其中一到两个内容进行具体细化。依据这个原则，我制定了《神秘的恐龙》一课的学生课堂评价细则。

表1-8 《神秘的恐龙》课堂学习评价细则

评价领域	评价维度	评价内容	分级指标 A	B	C
情意领域	学习动机	课堂参与度	能积极主动地参与课堂教学活动，能独立地学习本课的生字新词，有主动表达自己观点与想法的意识，有自己的观点与创新之处。	能较为积极地参与课堂教学活动，能学习本课的生字新词，能在同学与老师的启发、引导下表达自己的观点与想法。	能在老师和同学的提醒下，参与课堂教学。

续表

评价领域	评价维度	评价内容	分级指标 A	分级指标 B	分级指标 C
习惯与策略领域	学习习惯	表达习惯	能够在阅读课文的基础上，用简洁的语言归纳出恐龙灭绝的四个原因，内容完整，条理清晰，表述清楚。	能够在阅读课文的基础上，归纳出恐龙灭绝的四个原因，内容完整不遗漏。	能够在老师和同学的启发帮助下，归纳出恐龙灭绝的四个原因。
		思考习惯	积极思维，发挥想象，进行合理的推测：恐龙灭绝的其他可能性。	能够进行思考，推测恐龙灭绝的其他可能性。	能够在老师同学的帮助下，尝试想象，推测恐龙灭绝的其他可能性。
	学习策略	自主学习	具有极强的自学能力，能够运用各种方法主动学习本课的生字新词，读通课文，遇到困难能主动地寻找解决的途径。	具有较强的自学能力，能够运用一定的方法学习本课的生字新词，读通课文。	基本能够自主学习，有时需要老师及同学的辅导帮助。
		合作学习	能够积极与他人合作完成任务，在合作中承担重要的分工角色，合作学习效果突出。	能够与他人合作完成任务，在合作中承担一般的分工角色，合作学习效果较好。	在合作中能够做力所能及的工作，配合其他成员共同完成任务。
认知领域	低层次认知	概念知识	能熟练掌握说明文的三种说明方法：列数字、作比较、举例子，并能进行正确的判断和初步运用。	能掌握说明文的三种说明方法：列数字、作比较、举例子，并能进行正确的判断。	能在老师和同学的帮助下，了解说明文的三种说明方法：列数字、作比较、举例子。

三、改进与提升

有了这份评价细则后，我再一次走进课堂执教了此课。评价之前，我让学生明确了评价目标："通过激励性的评价激发学生学习的兴趣，帮助学生养成良好的学习习惯，促进学生语言技能的初步发展。"对照细则，发现学生存在问题如下：

1. 表达习惯：大部分学生无法用简洁的语言归纳出恐龙灭绝的四个可能原因，要么不完整有遗漏，要么语言啰嗦不简洁。

2. 思考习惯：学生没有进行积极思考，发挥想象，推测恐龙灭绝的其他可能性，即使在老师的一再启发与引导下，学生达成这点仍有困难。

3. 概念知识：不少学生能了解说明文的三个说明方法，但不能做出正确的判断。

至此，我发现这份课堂评价细则让我对学生在课堂上的学习过程与成效有了更为准确的评价，不再是之前那种模糊的感觉。找到学生的症结所在后，我重新进行了教学设计，在课堂中创设教学情境，运用多媒体技术大量地使用图片资料、动画资料，把生活在亿万年前的恐龙再现在孩子们的眼前，同时，把恐龙神秘消失的可能原因，如行星撞击地球、火山爆发等科学家的猜测用播放动画的手段再现，激发了学生无限的想象力，当请大家讨论"恐龙消失至今是个谜，你能推测恐龙是怎么神秘消失的吗？"时，同学们纷纷发表自己的想法。

学生通过这种情境再现，既学会了新知，丰富了想象力，又加深了对内容的理解，同时充分激发了兴趣。这有利于学生表达独特的感受与体会，焕发其生命活力，从而使其获得成功感。如此，也必然会逐步形成学生富有激情、富有个性、富有灵性的创造性参与，取得和提高其参与的频度、效度，真正实现学生积极主动生动活泼的发展。整个课堂在师生有效对话的形式下，鼓励学生自由思考，赞扬经过自己思考的一切结论，鼓励学生的求异心理和创造性思维。

因此，在课堂教学中，教师必须更多地关注学生的学习过程及成效，通过多元化的评价向学生提供更适切的教学，让学生成为课堂真正的主人，以期促进学生的成长。

（案例撰写：裘洁）

案例 1-4

口语交际课程的有效评估

一、背景与意义

口语交际就是凭借听、说，进行交流、沟通，传递信息，联络感情，处理问题。《语文课程标准》中对学生口语交际能力的培养与训练有着明确的要求：具有日常口语交际的基本能力，在各种交际活动中，学会倾听、表达与交流。初步学会文明地进行人际沟通和社会交往，发展合作精神。以往的说话课，注重训练听和说（主要是独白），而我们的口语交际课程更注重人际交流，以培养学生的应对能力、交际能力以及合作精神。随着社会的飞速发展，人与人之间的交往不断扩大、日趋频繁，口语交际能力已成为人才的必备素质。培养和提高口语交际能力，不仅是社会的需要，而且是每个人生存和发展的需要。在设计口语交际这一课程时，我们还用心创设了许多情境，目的是给予学生说的材料，使每个孩子都有说的可能（材料丰富了，就降低了难度），产生说的兴趣。

二、评估与聚焦

我们在课程实施、推进的过程中发现，没有进行相关的评价、评估细则的制定，就无法得到课程是否实施、推进成功以及学生是否能从此课程中获得锻炼与提高等反馈。而此时我校进行的"L-ADDER"阶梯式课程评估工具的研制不仅能对学生的学业成果进行相关评价，同时更关注对学生学习动机与情感态度、学习习惯与方法策略等维度的评价，力求通过多元化评价向学生提供更适切的教学，以期促进学生的成长。于是，结合本学科的特点，围绕"学生学习分级评估框架"中策略领域的相关评估内容，我们制定了有"口语交际"课程特色的相关评价细则。

在口语交际诸多能力中，听和说是核心，因此进行听说单项训练和单项评价是十分必要的。在对学生"说"的能力的单项评价中做了以下考虑与设计（评价标准有5项，每项分3个等级）：1.姿态表情：大方/拘谨/紧张；2.声音响度：响亮/较响/低微；3.语音清晰度：清楚/较清楚/含糊；4.语句连贯性：语句通顺/语句有些脱节/重复间歇；5.句子正确性：语病极少，用词形象、生动/少量语病，用词较恰当/语病极多，表述不清。

语文课程标准提出，口语交际的目标是让学生"具有日常口语交际的基本能力，在各种交际活动中，学会倾听、表达与交流，初步学会文明地进行人际沟通和社会交往，发展合作能力"。从教学目标看，提出了"倾听"、"表达"、"交流"等目标，并将它们视为不可分割的整体，又提出了"人际沟通"、"社会交往"、"合作能力"等综合目标。而在分级评估的"习惯与策略领域"中也提到了学生学习习惯及学习策略的相关评估细则。

表1-9　学生学习习惯与策略领域评估细则

评价领域	评价维度	评价内容	分级指标 A	分级指标 B	分级指标 C
习惯与策略领域	学习习惯	倾听习惯	课堂上能够认真听讲，不走神，不做与学习活动无关的事，思想集中时间保持在30分钟以上。	课堂上能够较认真地听讲，基本不走神，不做与学习活动无关的事，思想集中时间保持在25分钟以上。	在老师或同学的提醒下，基本能够认真听讲，偶尔会走神或做与学习无关的事，思想集中时间保持在20分钟以上。
		表达习惯	乐意表达自己的观点、想法、解题思路、实验或创作方案及结果，积极进行话题演讲、故事表演及调查汇报，内容完整，语言流畅，言能达意。	能够表达自己的观点、想法、解题思路、实验或创作方案及结果，能够参与话题演讲、故事表演及调查汇报，内容基本完整，语言较为流畅，言能达意。	在老师和同学的帮助下，能够尝试表达自己的观点、想法、解题思路、实验或创作方案及结果，内容大致完整，语言基本达意。
	学习策略	自主学习	具有极强的自学能力，能够通过多种自主探索方式寻求客观答案。	有较强的自学能力，能够通过一定的自主探索方式寻求客观答案。	能进行自主学习，有时需要老师或家长的辅导。
		合作学习	能够积极与他人合作完成学习任务，在合作中承担重要的分工角色，合作学习效果突出。	能够与他人合作完成学习任务，在合作中承担一般的分工角色，合作学习效果较好。	在合作中能够做力所能及的工作，配合其他成员共同完成任务。

三、改进与提升

依据以上分级指标，针对一年级口语交际课程，对学生口语交际综合能力的评价设计了相关评价细则。

表1-10　一年级学生口语交际综合能力评价记录表

一级指标	二级指标	三级指标	等级 A	B	C	D	E	评价记录
知识与技能	语音	声音响亮						
		口齿清楚						

续表

一级指标	二级指标	三级指标	等级 A	B	C	D	E	评价记录
过程与方法	语言表达能力	比较流畅						
		讲述完整、通顺						
		表述生动						
	良好的语言习惯	讲普通话						
		说话有礼貌						
	友好的交际过程	认真倾听并思考						
		边思考边交流						
情感态度与价值观	交际合作信心	乐于参与交往						
		有表达的信心						
	交际合作能力	态度自然大方						
		能主动交流						
总体评价								
评价人		评价时间						

其次，从口语交际评价的过程看，可以分为课堂即时性评价、阶段形成性评价、期末总结性评价。在此就形成性评价的设计作以下介绍：形成性评价是测定学生达成教学目标过程中的进展情况。在确定了教学目标并了解学生的准备状况之后，教师就得在教学活动中不断掌握学生的学习进展情况。形成性评价的目的不是给学生评定等第或作证明，而是根据监控学生学习情况获得的教学反馈信息及时调整教学策略，以便让尽可能多的学生取得最佳的学习效果。我们在设计低年段的口语交际形成性评价标准时关注了以下几个方面，并在相关量表中进行了体现。

表 1-11 一年级学生口语交际综合能力评价细则

评价项目	评价要点	事实摘要	评价
参与状态	1. 积极参与学习,踊跃举手交流。		☆☆☆☆☆
	2. 认真参与讨论,善于发挥讨论优势。		☆☆☆☆☆
	3. 专心听,大胆发表与众不同的见解。		☆☆☆☆☆
交往状态	1. 与同学友好合作,小组学习、交流中能给予别人帮助。		☆☆☆☆☆
	2. 能用规范的普通话把话说好、说通顺。		☆☆☆☆☆
能力状态	1. 言语流畅,有条理,表述完整、清晰。		☆☆☆☆☆
	2. 学会倾听,能接受他人的意见,并能根据别人的意见进行修正。		☆☆☆☆☆
	3. 善于质疑,见解独到并有创意。		☆☆☆☆☆
情感状态	1. 全身心投入交际情境进行交际,且乐于交际。		☆☆☆☆☆
	2. 交际中体验成功,感到满足,树立交际的自信心,敢于交际。		☆☆☆☆☆
个人优势	自选长处、优点。		☆☆☆☆☆

该评价表的评价项目中,"参与状态"、"交往状态"、"能力状态"、"情感状态"是口语交际综合素养的关键性项目,"个人优势"是专为体现口语交际个性差异而设的开放性项目。评价项目体现了三维目标整合、课内外结合、加强口语运用和实践的思想,并力图简洁明了、重点突出。在进行评价时采用学生自评、小组讨论、教师协调的互动方式,以学生自评为主,以激发学生的学习兴趣。

有了相关的评价量表后,教师能及时对学生在课堂上交流的情况进行掌控与反馈;及时发现学生的问题,进行指导与修正。当然,在设计并实施相关课程评价的过程中亦出现了一些问题与不足,针对不足,在今后继续实施的过程中,我们会因地制宜加以选择和调整,以使其更客观地反映学生的口语交际水平,使学生在这一课程的学习中得到长足的进步。

(案例撰写:曹瑛)

案例 1-5

运用评价框架改进学习过程

一、背景与意义

布卢姆将教育目标划分为：认知领域、技能领域和情感领域。新课程标准中明确提出：建议采用多种评价方法，体现评价促进学生发展的教育功能。评价作为检测教学成效的重要手段，应能涵盖学生学习过程中所涉及的各个领域。表现性评价由于其自身的特性，在评估学生学习过程中所表现出的学习态度、努力程度及问题解决能力等一些测验所无法反映的深层次的学习指标上有着明显的优势。根据《卢湾二中心小学学生学习分级评价框架》，我对牛津英语上海版教材中 4A Module 3 Unit 1 In our school 部分的评价设计与实施进行了改进和优化。

（一）教材分析

这一单元选自四年级上册教材 Module 3 Places and activities 主题下的一个话题。核心词汇为 4 个场所名称(canteen、gym、office、computer lab)和 2 个方位介词(in front of、behind)。核心句型为"There is/are … We (do) … there."。

从单元话题的功能来看，学生在学习了本单元之后，应该能对自己的学校有全面的了解，并能用所学句型完整地介绍学校各个场所的名称、方位、设施及功能，包括常规场所和特殊场所。我校分两个校区，且最有特色的教室为创智坊、美术工坊和展示厅。因此，除了教材上的四个场所外，在进行单元统整时，我还拓展了 Innovation Room、Workshop 和 Show Room 三个词，不过只要求学生能正确跟读，了解意思即可。

综合以上分析，我设计了这样的情境：Jill 是一个新同学，她想选择一个新学校，于是她参观了三所学校，分别为 Rainbow Primary School、Garden Primary School 和我们学校 Luwan No. 2 Central Primary School，通过参观了解了学校情况之后，最终做出选择。

我将整个单元分为 5 个课时：Period 1 Visiting Rainbow Primary School and Garden Primary School(Jill 参观彩虹小学和花园小学，了解学校中场所的名称、方位和设施)；

Period 2 Welcome to our School(Jill 来到我们学校,淘淘、丫丫带领她参观两个校区,了解学校中常规场所的名称、方位、设施及功能);Period 3 Special rooms in our school(淘淘、丫丫带领 Jill 继续参观我们学校最有特色的教室,了解特殊场所的名称、方位、设施及功能);Period 4 Jill's favourite school(在了解了三所学校后,Jill 做出选择);Period 5 Animal School(学习故事,欣赏理解)。

(二) 评价设计

基于单元情境和各课时话题,我设计了单元大任务,即《卢湾二中心小学校园调查报告》。任务要求学生以报告的形式详细介绍学校内的场所,包括常规场所和特殊场所,要求写清各场所的名称、方位、设施及功能。对于四年级的学生来说,这个任务并不简单,尤其我校的情况比较特殊,分东、西两个校区。因此,这样一个内容涵盖广、信息量大的任务,学生并不能一步到位。要完成这个任务,必定要经过这样几个阶段,即搜集学校场所的信息、借助工具了解场所方位、以口头形式作介绍,最后落实到书面形成报告。因此,结合任务的特点,我将单元大任务分解成了三个小任务:Task 1 Do a survey, Task 2 Make a map, Task 3 Write a report,三个任务分别采用三种不同的形式。从调查场所、绘制地图到撰写报告,难度也逐渐递增,形成了一个任务链。这三个任务既是学生的学习材料,又是教师的评价载体,构成了这一单元的评价单。

Task 1 Do a survey (小调查)

Do a survey(I)

Campus A			
What place?	Where is it?	What's in it?	What do we do?

Do a survey（II）

Campus B			
What place?	Where is it?	What's in it?	What do we do?

调查表有两张，分别为东、西两校区的调查表，内容相同。调查表内的项目分别为本单元的四个要素，即场所的名称、方位、设施和功能。要求学生走出课堂，用调查的方式了解两个校区里场所的信息，将调查结果用单词、词组填写在表格内，并在小组内交流分享。

Task 2 Make a map（绘制地图）

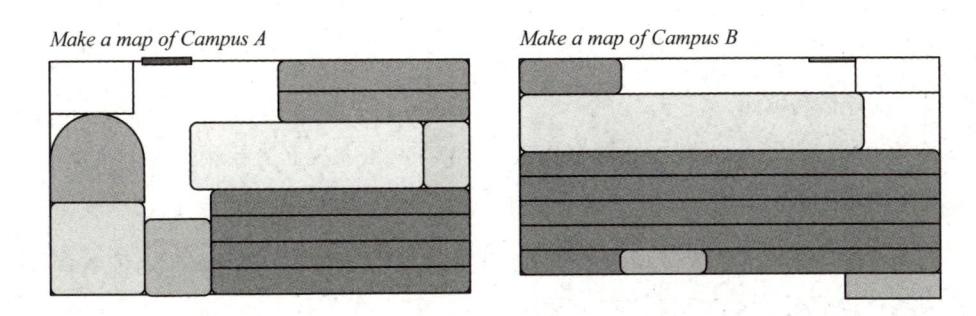

Make a map of Campus A　　　　*Make a map of Campus B*

地图有两张，分别为东、西两校的地图。这个任务要求学生在地图上根据学校的实际情况标出正确的场所名称，然后选择一个校区的地图，以小组合作的方式用"There is/are ... in our school. It's/They're ... There is/are ... there. We ... there."的句型做介绍。

Task 3 Write a report（撰写报告）

这个任务要求学生用核心语言有选择地介绍学校的场所，写清场所的名称、方位、设施和功能。

```
┌─────────────────────────────┐
│        Write a report       │
│ ─────────────────────────── │
│ ─────────────────────────── │
│ ─────────────────────────── │
│ ─────────────────────────── │
│ ─────────────────────────── │
│ ─────────────────────────── │
│ ─────────────────────────── │
│ ─────────────────────────── │
│ ─────────────────────────── │
│ ─────────────────────────── │
│ ─────────────────────────── │
└─────────────────────────────┘
```

（三）评价方法

学生完成《校园调查报告》并上交后，教师批改，根据学生完成调查报告的总体情况，如书写、拼写、语法等，给学生一个综合评价。最后，学生能在自己的调查报告上看到 A、B、C 或 D 的等第。这个等第将作为学生在这一单元取得的成绩。

二、评估与聚焦

对照《卢湾二中心小学学生学习分级评估框架》，我将聚焦点放在对学生的情意领域及元认知领域的评估上。具体要点如下：

该评价体系是否能评估学生学习过程中表现出的学习动机、意志品质、情感态度；是否能评估学生的学习习惯和学习策略。

经过仔细的分析后，我发现原有的评价体系在评价内容的设计上是非常优秀的。几个任务环环相扣、循序渐进，为学生完成最后的任务搭设了阶梯；每一个任务又以不同的形式出现，以检测学生不同维度的成果，同时又能记录下学生的学习过程。真正做到从终结性评价到形成性评价，从 assessment for learning 到 assessment as learning 的转变。这与学校学生学习分级评估框架的要求相符，评价内容从不同维度展开，评价学生在学习过程中所表现出的各个领域的学习成效。

但是主要问题出现在评价方法上，主要表现为三个方面：

1. 以纸笔结果作为最终的评价依据。学生最后得到的等第与他们的调查报告所呈现的书面情况相挂钩,这与课程标准中提倡的不以纸笔结果作为唯一的评价依据的提议相悖。

2. 评价主体与评价维度的单一性。评价结果完全由教师"一言堂",且评价内容仅限于认知领域,并不能体现学生在其他领域如学习兴趣、语言技能、合作学习等所表现出的状态。

3. 打分过于随意,缺乏评价细则。我在打等第时,并没有具体的标准,只是根据学生的书面报告完成情况大致给出等第,教师的主观意识成分较多,评价缺乏科学性。

虽然该评价体系在评价方法上存在较大的问题,但是只要针对评价方法稍加改进,这一评价体系或将成为表现性评价的模板案例。

三、改进与提升

(一) 使用学习分级评估工具,制定评价标准

依据我校的学生学习分级评估框架,我开始为《校园调查报告》制定全面的、详尽的、可操作的评价细则。我首先确定了评价原则,制定的评价标准应更多地关注对学生的学习兴趣、学习态度及学习过程中所表现出的语言运用能力的评价。评价标准涵盖情意、习惯与策略和认知三大领域,但不求面面俱到。根据英语学科的特点及本单元的具体情况,我在三大领域中选取了几个维度,每个维度选择其中一到两个内容进行具体细化。依据这个原则,我制定了《校园调查报告》评价标准。(见表1-12:《校园调查报告》评价标准)

表1-12 《校园调查报告》评价标准

评价领域	评价维度	评价内容	观察点	分级指标 A	分级指标 B	分级指标 C
情意领域	学习动机	学习兴趣	能主动搜集学校各个场所的照片和相关信息,并将其运用到作业中。	积极调查了解学校各个场所的位置和功能;除了常规场所,还能了解特色教室的信息。	积极调查了解学校各个场所的位置和功能,对学校的常规场所有全面的了解。	只是将课文中学到过的学校场所信息运用到作业中,信息了解不够全面。

续表

评价领域	评价维度	评价内容	观察点	分级指标 A	分级指标 B	分级指标 C
情意领域	学习动机	学习兴趣	装订有序,适当美化。	装订有序,既有美化又不喧宾夺主。	装订整齐,有简单的美化。	能完成文字部分,能装订成册,未进行美化,或草草了事。
习惯与策略领域	学习习惯	作业习惯	能及时完成作业,在规定的时间内上交。	能主动按时上交作业。	在规定时间内上交作业。	在老师或同学的督促下,能上交作业。
			按照特色作业要求,高质量地完成调查表、地图和报告。字迹端正,页面整洁。	调查表填写详尽,地图制作精良,报告描述全面,有特色教室的介绍。字迹端正,页面整洁。	调查表能基本反映学校的各个场所,地图制作清晰,报告全面介绍了学校的各个常规场所。字迹较端正,页面较整洁。	调查表、地图和报告能基本符合要求,但介绍不全面,制作显马虎。
	学习策略	合作学习	能与他人合作,共同完善作业。	能够积极与他人合作完成任务,在合作中承担重要的分工角色,合作学习效果突出。	能够与他人合作完成任务,在合作中承担一般的分工角色,合作学习效果较好。	在合作中能够做力所能及的工作,配合其他成员共同完成任务。
认知领域	低层次认知	概念知识	在调查表和地图中能准确地填写学校各个场所的英语名称,方位词运用恰当,动词词组使用准确。	调查表和地图中填写的单词和词组拼写准确,用词恰当。	调查表和地图中的单词和词组没有大的拼写错误。	单词或词组有拼写错误,或用词不准确。
			在最后完成的报告中,句型运用恰当,报告结构合理。	报告有条理性,结构合理,详略得当,既全面介绍了常规场所,又有选择地介绍了特色教室。	句型运用没有大的语法错误,较全面地介绍了学校的各个常规场所。	报告语句简单,有语法错误,介绍不够全面。

同时,以这张评价标准为基准,在相应的子任务后也设计了分项评价标准,用具体的、可视的数字量化了每一项评价内容的指标,使评价更具操作性与科学性。分项评

价标准以摘星的形式呈现,根据学生的行为表现,对照具体指标的描述,给出相应的星星数。(见表1-13:《校园调查表》之 Do a survey 评价标准)

表1-13 《校园调查表》之 Do a survey 评价标准

评价领域	评价维度	评价内容	观察点	分级指标 ☆☆☆	☆☆	☆
情意领域	学习动机	学习兴趣	主动开展调查,搜集学校各个场所的信息。	对调查充满兴趣,搜集了两个校区内大部分场所的信息。	对调查有兴趣,搜集了两个校区内一半以上场所的信息。	对调查兴趣不大,只照搬课本中学到的场所信息。
			页面适当美化。	页面精美又不喧宾夺主。	页面有简单的美化。	只完成调查表的文字部分,未美化。
习惯与策略领域	学习习惯	作业习惯	能及时完成作业,在规定的时间内上交。	高质量、高效率地上交作业。	在规定时间内上交作业,质量较好。	能上交作业,但质量不高。
			调查表填写详尽,信息全面;字迹端正,页面整洁。	调查表填写详尽,每一个场所的设施及功能介绍有3项或3项以上信息。字迹端正,页面整洁。	调查表填写较完整,每一个场所的设施及功能介绍有2项信息;字迹较端正,页面较整洁。	调查表填写略显马虎,每一个场所的设施及功能介绍仅有1项信息。
	学习策略	合作学习	能在小组交流中分享调查结果,与人合作共同完成作业,有一定的合作精神。	在小组交流中乐于分享调查结果,与同伴合作,取长补短,完善作业,在合作中起主导作用。	能在小组中展示自己的调查结果,并作改进。	能在小组中展示自己的调查结果。
认知领域	低层次认知	概念知识	在调查表中能准确填写学校各个场所的名称、方位、设施及功能。	能正确填写表示场所名称、方位、设施及功能的单词和词组,用词恰当,拼写正确。	能正确填写表示场所名称、方位、设施及功能的单词和词组,80%拼写正确。	能正确填写表示场所名称、方位、设施及功能的单词和词组,60%拼写正确,部分词组使用不当。
			能用适当句型以口头形式介绍调查结果,表达准确。	能自己组织语言以口头形式介绍调查结果,表达流畅、准确。	能用所给句型以口头形式介绍调查结果,表达基本准确。	能根据所给句型,在老师的帮助下介绍调查结果,表达有困难。

最后，我根据学生在三张分项评价表各评价项目中获得的星星数量之和，在《校园调查报告》的评价表的相应项目中给出等第，将各项目的星星数量相加，得出相应维度及领域的等第。具体评分规则如下：

表1-14 《校园调查报告》评分规则

总评	评价领域	评价维度	评价内容	观察点	分级指标 A	分级指标 B	分级指标 C
A：45—57☆ B：26—44☆ C：15—25☆	情意领域 A：15—18☆ B：9—14☆ C：6—8☆	学习动机 A：15—18☆ B：9—14☆ C：6—8☆	学习兴趣 A：15—18☆ B：9—14☆ C：6—8☆	能主动搜集学校各个场所的照片和相关信息，并将其运用到作业中。	8—9☆	5—7☆	3—4☆
				装订有序，适当美化。	8—9☆	5—7☆	3—4☆
	习惯与策略领域 A：17—21☆ B：10—16☆ C：7—9☆	学习习惯 A：15—18☆ B：9—14☆ C：6—8☆	作业习惯 A：15—18☆ B：9—14☆ C：6—8☆	能及时完成作业，在规定的时间内上交。	8—9☆	5—7☆	3—4☆
				按照特色作业要求，高质量地完成调查表、地图和报告；字迹端正，页面整洁。	8—9☆	5—7☆	3—4☆
		学习策略 A：3☆ B：2☆ C：1☆	合作学习 A：3☆ B：2☆ C：1☆	能与他人合作，共同完善作业。	3☆	2☆	1☆
	认知领域 A：15—18☆ B：9—14☆ C：6—8☆	低层次认知 A：15—18☆ B：9—14☆ C：6—8☆	概念知识 A：15—18☆ B：9—14☆ C：6—8☆	在调查表和地图中能准确地填写学校各个场所的英语名称，方位词运用恰当，动词词组使用准确。	8—9☆	5—7☆	3—4☆
				在最后完成的报告中，句型运用恰当，报告结构合理。	8—9☆	5—7☆	3—4☆

举个例子,比如某学生在 Task 1 Do a survey 评价单的学习兴趣维度的两个观察点中分别获得了 3☆、2☆ 的成绩,在 Task 2 和 Task 3 中均获得了 3☆,将他所得星星数相加为 17,那么他在情意领域的等第为 A。

(二)解析评价细则,实施评价标准

在评价之前,我将标准和评价单印发给学生,和学生一起细读评价单,让学生知晓评价标准,明确告诉他们我希望在他们的调查过程和报告中看到他们什么样的表现,以及什么样的表现能得到几颗星。新制定的评价标准中,学习动机为学生自评,学习策略为同伴互评,学习习惯和低层次认知为师评。因此在解释评价标准时,我也将评价单的操作方式告诉学生,以便他们在学习过程中对自己和同伴进行评价。

评价中,由于学生缺乏相应的经验,因此有一些评价活动是我手把手引导学生完成的。比如,在评价合作学习时,我引导学生认真倾听同伴的发言,并且指导学生根据评价指标,给同学相应的星星数。

(三)分析评价数据,诊断学习成效

在完成评价之后,我对全体学生在各领域的等第进行了汇总和分析。我发现,绝大部分学生在各个领域都达到了 B 及以上的等第,教学目标达成度较高。但是我还发现除了一直关注的认知领域之外,个别学生在学习动机、学习习惯及策略等维度也存在着较大的问题。

另外,通过这样的评价方式,我还发现了一个非常有趣的现象。在三个任务的评价单中,大部分学生在前两个任务的学习兴趣维度的评价中都取得了两颗星以上的成绩,而在第三个写调查报告的评价单中,这一维度的得星数则有所下降。这一结果表明,学生对调查、绘制地图的形式表现出了浓厚的兴趣,而对于相对枯燥的写作则兴趣不高。这一发现对于我的教学有现实的指导意义。在今后的教学设计中,我应多采用学生乐于接受的方式开展教学,充分调动学生的积极性。

四、效果与反思

前后两种截然不同的评价方法,带给我和学生的体验是截然不同的。前一种方法固然简单,但它不能反映出学生在学业成果之外的表现;新拟定的评价标准虽然稍显繁琐，但却能反映出纸笔评价不能反馈出的有关学生隐性素养的表现，给学生一个全面的评估。同时，多元评价主体的参与也使学生成为学习的主人，学生的课堂参与度明显提升，在学习过程中绝大部分学生都比以往更专注了，他们不仅对自己的表现进行评价，同时也通过认真观察同伴的表现给同伴评价。如，在分享调查表信息的过程中，孩子们为了获得更高的评价，都积极参与到交流的过程中，同时在同伴发言时认真捕捉信息差，完善自己的调查表，以期获得来自同伴的更高评价。

当然，完善后的这套评价体系也并非是完美的。在实施的过程中，我发现，在同伴互评的过程中出现了学生间因为多给或少给一颗星而争吵的现象。原因有两个：第一，学生对于这类评价方式较为陌生，操作上还不熟练；第二，每位学生都想获得一个好等第。今后为了避免出现类似的情况，在设计评价维度和内容时，可以针对学习习惯设计相关的观测点，如"能认真倾听同伴的发言，尊重同伴的选择"，以期保证课堂秩序，提高评价的效率。

不可否认的是，优化改进后的评价体系不论从评价内容、评价标准的设计，还是评价实施的成效来看，都充分关注了学生的学习过程和学习经历，一些隐性的学习素养得以记录和评估。同时，通过参与评价，学生的能动性得到了最大程度的发挥，他们在学习过程中不断对照评价标准进行自我评价，改进学习行为，调整学习策略，真正发挥了评价促进学生发展的教育功能。这样的评价方式能使教师和学生双方受益。

（案例撰写：谈雯倩）

第二章　课程管理与领导的分级评估

作为学校课程愿景,"更儿童的课程"最开始可能只是一个想法,而现在它已经成为感召一群人的目标,成为学校课程发展的"引擎"。人人都可以成为课程领导者,强有力的课程领导不是指挥和支配,而是激发和点燃,让每一个人都成为课程的自我领导者,让每一位教师都能"像专家一样"专业地思考课程、教学与评价,并在自己的专业范域内作出正确的课程决策。当然,它不会是一个终点,而是一段正在路上的旅程。

我们学校的办学理念是"智慧型学校",其核心是"转识成智"。我们在努力成就学校办学特色的过程中,逐渐意识到只有挖掘更多契合学生年龄特点的课程生长点,不断优化课程实施,进行课程改革,才可能真正达成我们的办学愿景。而对课程改革而言,课程的管理和领导问题至关重要,不可或缺。

一　整体运营的课程领导与管理评估理念

在学校自主研发的阶梯式课程"L-ADDER"课程评估工具中,设计和运用好学校课程管理与领导评估工具至关重要。它在学校的整个课程改革过程中起着导向与质量监控的重要作用,是决定改革成败的关键环节。我们借助课程管理与领导的评估,可以收集和汇总到有关课程设计与实施、教师专业成长、学生发展状况、课程文化建设等各方面较为系统的信息与数据,增强评估的科学性与可操作性。有了数据的支撑,我们就可以重新审视阶梯式课程的现有框架及内容,更清楚地意识到在各方面存在的不足,在课程评价的基础上,由学校课程领导实验室负责组织、规划,全体教师参与、调整,不断建构和优化学校阶梯式智慧型课程的整体方案,突出课程对学校教学工作的引领与指导作用,进一步提升学校课程管理者的课程领导力。

学校的课程领导实验室下属三个组织机构:课程文本审核部、课程教学评估部和学生成长评价部。

其中"课程文本审核部"为先导,负责课程开发技术的管理与领导,通过课程设计与开发分级评估工具的使用保证课程开发质量;"课程教学评估部"为统领,负责课程实施品质的管理与领导,通过课程实施与发展、课程情感与认知以及课程反思与调整分级评估工具的使用,提升教师课程执行力和专业水平发展;"学生成长评价部"为重心,着力关注学生的学习过程与成效,负责让我们的课程更以学生为本,更契合学生的成长需求,通过开发和运用相对应的分级评估工具促进学生全面发展。

"课程领导实验室"则为保障,合理分配课程领域人员及组织的责任和权限,协调

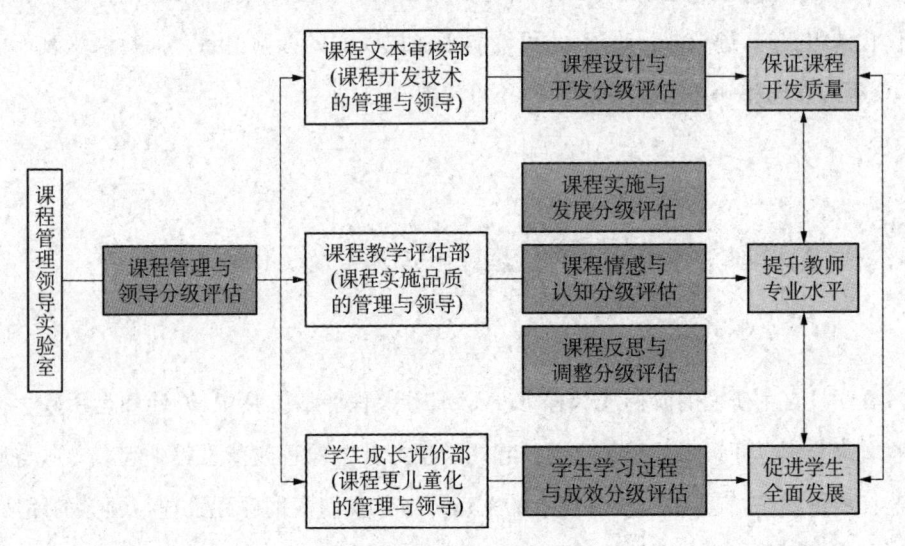

表2-1 卢湾二中心小学课程领导实验室评估管理框架

课程实施中的各种关系，把各种力量最大化组织到实现课程目标的活动上来，指导下属的三个组织机构完成各自的管理和领导目标。

二 度身定制的课程领导与管理评估框架

作为专门针对学校课程管理与领导工作而设计的分级评估工具，《课程管理与领导评估量规》不仅是对学校课程领导实验室一系列工作的评分标准，也是提升学校课程领导力的指南针。

（一）评价维度

鉴于实验室在学校整体课程改革中起到保障引领的作用，因此对学校在课程管理与领导方面的工作进行评估，应该从规划引领、组织管理、团队整合、文化建构、总结推广这五大方面着手。

（二）评价内容

1. 规划引领：解读课程，构思并制订学校课程实施的总体规划，做好指导、研究、实施、评估等工作。

2. 组织管理：建立学校课程领导的组织架构，制订学校课程管理的有关规章制度并组织实施和考核。

3. 团队整合：对校本资源的有效利用和开发以及对校外资源的统筹和整合，协调提升三个部门的管理效能，对课程的开发、实施和评价进行全面的领导管理和自我监控。

4. 文化建构：打造开放、分享、共进的课程文化，营造和谐、民主、平等的教研氛围。

5. 总结推广：注重数据的收集，积累学校课程改革的原始资料，分享运用科研信息，做好学校课程实施的经验及成果的推广和应用。

表2-2 卢湾二中心小学课程管理与领导评估量规

评价维度	评价内容	分级指标		
		优秀	良好	一般
规划引领	制定课程规划	能根据学校实际需要,明确办学理念和课程愿景,在评估学生发展需要的基础上,全力打造校本化、多元化的智慧型课程体系,提升课程管理者的领导力。	能正确评估学校与学生发展需求,根据学校的办学实际和学生培养目标加强课程整体规划。	能制定学校的课程整体规划,但是缺乏对学校和学生发展需要的评估。
	规划全面评估	能组织专家、教师、学生、家长形成全方位的监控与评价体系,评价规划实施是否围绕学生核心素养展开,达到"更儿童化"的效果。	能对学校课程规划进行自我监控与评价,但缺少其他人员全方面的参与。	缺少对学校课程规划进行自我监控与评价。
	课程资源整合	广泛利用政府、学校、家长、社区以及课外教育基地和教研机构等相关资源,根据学生的发展需求不断改善课程改革的内外条件,建立多维度的支持系统。	能利用校内外课程资源,建立硬件和软件并重的支持系统。	课程资源挖掘意识欠缺,整合单一,缺少课程的大局观。
组织管理	构建组织网络	课程领导实验室设立分工明确的下属部门,并能及时而有效地协调好各部门的工作,形成一个完善而高效的课程管理组织。	课程领导实验室设立了三个下属部门,分工明确,实验室能协调好各部门的工作,形成一个较完善的课程管理组织。	课程领导实验室下属各部门分工明确,各司其职。
	落实管理制度	形成一套健全、科学、合理的课程管理制度,全方位保障课程开发、实施与评价。	逐步完善和健全课程管理制度,使其趋于科学、合理。	课程管理制度还不够健全。

续表

评价维度	评价内容	分级指标		
^	^	优秀	良好	一般
团队整合	课程开发审核	通过量规帮助教师在了解学生需求的基础上，设计开发具有学校特色的校本课程。	对于教师自主开发的课程，能提供可参考的评估量规，帮助教师完善课程开发。	教师能自主设计开发课程。
团队整合	课程开发审核	通过课程认证推介会，由文本审核部审核认证，并提出关键性改进建议。涌现的品牌课程进行校内外推介辐射。	能对教师提供的课程文本进行全面审核与认证；对教师开发的课程能够指出问题所在，并提出修改意见。	对教师提供的课程文本进行初步审核与认证。
团队整合	优化课程实施	能坚持通过课堂观察、质量监控等途径监控教师的课程实施；能够针对课程实践中出现的问题及时组织反馈。	能定期通过课堂观察、质量监控等途径监控教师的课程实施，基本做到反馈。	能不定期通过课堂观察、质量监控等途径监控教师的课程实施。
团队整合	优化课程实施	打造具有学校特色的"启发式、少而精"的睿智课堂高效教学经验，规划各学科内容，推动以有效学习为中心的变革。	能围绕课程目标，以学生为本，营造快乐和谐的学习氛围，为学生提供学习经历并使其获得学习经验，提高教育教学质量。	没有形成睿智课堂教学策略和模式的研究，未达到学生较为理想的课程学习环境。
团队整合	学生多元评价	督促与帮助教师制定各门课程的评价方案，确保评价方案能围绕"学生的学习"通过多元化评价向学生提供更适切的教学，以期促进学生的成长。	能帮助教师制定各门课程的评价方案，确保这些评价方案能较好地符合学校课程理念并具有自身特色。	教师能初步制定各门课程的评价方案。
团队整合	学生多元评价	能够对这些评价方案的落实与不断完善进行跟踪管理，并提供有力的专业支持；充分利用评价结果，及时调整和改进学校课程计划、课程实施、课外活动安排等，促进学生全面发展。	能够对评价方案的落实与不断完善进行跟踪管理，并提供有力的专业支持；但调整和改进缺乏及时性。	对这些评价方案的落实与不断完善进行跟踪管理，并能偶尔提供一些专业支持。

续表

评价维度	评价内容	分级指标		
		优秀	良好	一般
文化建构	师资课程培训	以科研为引领，以教研为主力。完善校本教科研制度，加强教师专业化培训，关注教师课程的执行力，提高课程的研究力，定期开展学科学术研讨、课程评议研讨活动。	各部门能够认真组织对教师进行实用、有效、分层的专业培训和指导。	各部门能够组织对教师进行比较有效的专业培训与指导。
	建立激励机制	创建考评激励机制，建立态度、能力、合作、创新、成效为一体的评价依据，团队捆绑评价和教师个体评价相结合，鼓励教师积极参与学校课程建设。	实行物质奖励和精神奖励结合的考评制度，提升教师参与课程改革的积极性。	教师得不到学校提供的课程资源保证，缺少相应的激励机制。
总结推广	信息收集汇总	监察并调节课程改革优化的步伐，评估全校表现、信息反馈，充分利用所得信息和评价结果进行及时调整和改进，建立下一循环的学校课程管理。	能有意识地收集学校课程开发、实施和评价过程中的数据信息，及时统计、梳理、归纳、总结。	对学校课程改革过程中的数据缺少系统的梳理和分析。
	经验成果推广	完善总结学校课程改革经验及成果，并能引领区域教育，向外省市辐射。	学校课程改革的经验及成果在区域学校之间有展示交流。	能做好课程改革的经验及成果的总结。

三 以评促优的课程领导与管理评估现场

(一) 适用对象

本量规主要针对课程领导实验室的课程领导工作进行评估,其中"团队整合"版块的主要评估对象为课程领导实验室下属三个组织机构——课程文本审核部、课程教学评估部和学生成长评价部。使用该工具旨在打造一支具有创新意识的优秀课程管理队伍,全面提升学校管理者的课程领导力,保障课程改革顺利进行。

(二) 指标体系

本量规包含五大维度、12项具体的评价内容,评价结果分为优秀、良好、一般三个等级,必要时可附写评语。在工具的使用过程中需要对照相应的各项课程管理制度,来全面评估学校管理与领导工作的规范性和及时性。

经过一段时间的实践,我们发现《课程管理与领导评估量规》不仅为学校课程领导实验室提供了如何提高课程领导力的反馈信息,更重要的是,只要严格按照量规逐步、逐项地完成所有要求,就完全可以达到期望的学校课程管理目标。

案例 2-1

在评估中提升学校课程管理能力
(课程领导实验室)

一、背景与意义

二中心小学历经百年发展,从务本溯源到尚智启慧,构建智慧型学校是我校新时期的追求与目标,而课程是达成学校愿景与教育目标的重要通道。因此,我校确定了以课程为抓手,通过课程变革来达成学校整体发展目标的思路。基于我们的理性思考和实践调查,为了更好地设置与实施具有学校智慧型特色的阶梯式课程,我们必须对学校的课程进行整体规划。学校从分析在地文化入手,通过理念的厘定、目标的设计、课程框架的搭建,整体规划了学校的课程,特制订了《卢湾二中心小学阶梯式智慧型课程规划方案》。

我们在吸收黄甫全"阶梯型课程"思想的基础上,根据学生的年龄特征及其智慧成长的规律,形成了阶梯式智慧型课程。我们认为,智慧是一个发展的过程,是一个阶梯式成长的过程。我们期望,孩子们能够走上智慧成长的阶梯。带着这种期待,我们设计了"转识成智"的阶梯式智慧型课程,希望通过这把金钥匙,为孩子们开启一扇智慧之门。

为了达成学校办学目标,我们制定了阶梯式智慧型课程目标,将其划分为知识与技能、过程与方法、情感态度与价值观三个领域,并在每一个领域中,根据所需能力的复杂程度和品质的内化程度,找出具有递进关系的层次,形成目标的阶层。在每一个阶层上,我们都找出适当的行为动词,以使目标切实落实到学生的行为方式变化上。

我们还整体设计了涵盖8大系列、共达64门课程的阶梯式智慧型课程,编制了课程文本。学生每个学年可以自主选择课程,他们可以选择同一系列的"阶梯式智慧型优化"课程,也可以选择不同系列的"综合素质的阶梯式优化"课程,这两种方式提供了两种不同的"阶梯式智慧成长"的途径。

此外,我校根据著名教育家加德纳的多元智能理论,制定了小学一至五年级、由低级至高级的六大类别(语言类、动手类、文化积淀类、接触自然类、家庭礼仪类、社会实践类)的智慧成长三十事,以此丰富学生的生活智慧。

二、评估与聚焦

(一) 对照量规逐一评估

近几年,通过对学校课程的不断调整和优化,特别是"课程管理与领导评估量规"的设计出台和运用完善,课程领导实验室重新审视了学校的课程管理与领导水平,并进行了客观评估。

表2-3 卢湾二中心小学课程管理与领导评估结果一览表

评价维度	评价内容	评估等级	具 体 表 现
规划引领	制定课程规划	良好	能正确评估学校与学生发展需求,根据学校的办学实际和学生培养目标,加强课程整体规划。
	规划全面评估	优秀	能组织专家、教师、学生、家长形成全方位的监控与评价体系,评价规划实施是否围绕学生核心素养展开,达到"更儿童化"的效果。
	课程资源整合	优秀	广泛利用政府、学校、家长、社区以及课外教育基地和教研机构等相关资源,根据学生的发展需求不断改善课程改革的内外条件,建立多维度的支持系统。
组织管理	构建组织网络	优秀	课程领导实验室设立分工明确的下属部门,并能及时而高效地协调好各部门的工作,形成一个完善而高效的课程管理组织。
	落实管理制度	良好	逐步完善和健全课程管理制度,使其趋于科学、合理。
团队整合	课程开发审核	优秀	通过量规帮助教师,在了解学生需求的基础上设计开发具有学校特色的校本课程。
		良好	能对教师提供的课程文本进行全面审核与认证;对教师开发的课程能够指出问题所在,并提出修改意见。
	优化课程实施	优秀	能坚持通过课堂观察、质量监控等途径监控教师的课程实施;能够针对课程实践中出现的问题及时组织反馈。
		良好	能围绕课程目标,以学生为本,营造快乐和谐的学习氛围,为学生提供学习经历并使其获得学习经验,提高教育教学质量。
	学生多元评价	良好	能帮助教师制定各门课程的评价方案,确保这些评价方案能较好地符合学校课程理念并具有自身特色。
		良好	能够对评价方案的落实与不断完善进行跟踪管理,并提供有力的专业支持;但调整和改进缺乏及时性。
文化建构	师资课程培训	良好	各部门能够认真组织对教师进行实用、有效、分层的专业培训和指导。
	建立激励机制	优秀	能创建考评激励机制,建立态度、能力、合作、创新、成效为一体的评价依据,团队捆绑评价和教师个体评价相结合,鼓励教师积极参与学校课程建设。

续表

评价维度	评价内容	评估等级	具 体 表 现
总结推广	信息收集汇总	优秀	能监察并调节课程改革优化的步伐，评估全校表现、信息反馈，充分利用所得信息和评价结果进行及时调整和改进，建立下一循环的学校课程管理。
总结推广	经验成果推广	优秀	能完善总结学校课程改革经验及成果，并能引领区域教育，向外省市辐射。

（二）聚焦评估中呈现的问题

汇总评估内容的各方面具体表现，我们发现学校的课程管理与领导主要存在以下问题：

1. 在课程整体规划时，我们既需要考虑各阶梯的设置是否科学合理，还要考虑各阶梯中不同智能类型的课程在数量和内容上安排得是否适切、适当，进而全力打造校本化、多元化的智慧型课程体系。

2. 在课程组织管理上，需要进一步优化阶梯式课程管理，完善相关的组织建设、制度建设和平台建设，加强过程性管理，增强课程领导力。

3. 课程教学评估部在管理课程建设的具体过程中，需要通过对具体策略的探索，进一步提高教师对阶梯式课程方案的设计能力和实施效率。从学科课程、学科教学、学科学习、学科团队等方面入手，加快学校的特色学科建设。

4. 课程文本审核部需要继续优化课程设计，探索课程准入和协商机制，确保课程品质。

5. 针对学生多元评价，还需进一步自主开发出一套适合我校校情的课程评价工具，制订阶梯式课程系列评价方案，探索特色课程评价形式。

6. 要想提高教师的课程执行能力，既需要给他们提供一定的方向引领，通过一系列制度予以激励和帮助，还要创设一系列的平台和机会让他们获得专业支持和专业成长。

三、提升与改进

针对评估呈现的问题，我们课程领导实验室协同下属的课程文本审核部、课程教学评估部和学生成长评价部进行了对学校课程的二次规划和改革。

第二章 课程管理与领导的分级评估

(一)"增删改优"

采用"增删改优"的课程策略,使阶梯式课程的设置更丰富、更合理、更完善和更精致。

(二)建立制度,加强监控

根据课程开发、实施与评价的过程分别制定相应的制度,包括课程文本审核制度、课程实施监控制度、课程评价制度、课程奖励制度等。通过这些制度的建立与执行,使课程建设的每一个环节都做到极致,确保课程的有效及高效。

(三)寻求学科特色

基于学校实际来研究、制定、实施学科发展计划,是以课程改革的视野,对学科的课程建设、内容设计、推进措施等进行整体规划,是强化特色学科建设,逐步将学科课程的内涵提升与外延扩展相统一的重要途径。现在,我校各学科教师在操作实践中遵循本学科教学的特点与规律,寻求与本学科教学内容最为适切的教学策略、模式、途径,使"转识成智"真正落实到具体的学科教学中,逐步推出特色学科,优化了课题教学效果,提高了教学质量,使学生享受到优质课程。

(四)严格校本课程开发

根据课程准入需求的准则和对课程价值的判断,从三种途径开发校本课程,并通过课程认证、课程审议和特色课程秀等课程评估手段确保课程的品质,使我校的课程评估更脚踏实地,通过一系列的制度与流程,扎扎实实地实施与反馈,做到对教师有帮助、有指导,对课程质量有提升、有保证。

(五)开发评估工具

结合我校实际,我们开发出的包含多项评价指标的 L-ADDER 课程评估工具充分发挥了评价的反馈、激励、促进功能,通过评价促进课程的发展和学生的发展。促使教师和学生拥有新的课程身份:教师不仅是课程执行者,也是领导者;学生不仅是评价对象,同时也是评价主体。同时也从评价主体、评价内容、评价方式等方面使评价更加完善,对于以前较为薄弱的课程评价环节的探索也取得了一定成果,课程的设置、实施与评价形成了良性循环。

(六)提升教师团队

在对课程的精细化实施进行研究的过程中,除了教师自身不断反思与学习外,学校也帮助教师从外界获得各种形式的课程帮助。在课程实施前,进行主题统筹,做好各学科间的整合;课程实施中,对项目进行分解,各学科教师分工合作完成教学;课程实施后,与同伴进行各种形式的课程分享。这样就使学校教师形成一个高效、互动的学习共同体,大家互相学习、取长补短,提高教师团队的课程执行力。

总之,课程管理与领导评估工具的设计与使用,使学校课程管理与领导更有针对性,不断提升的课程领导力推动着我校课程建设和学生的不断进步、教师的专业成长,形成了学校课程发展的良性循环。

(案例撰写:王嘉颖)

案例 2-2

让更多的好课程走近学生

（课程文本审核部）

一、背景与意义

随着课改的深入,越来越多的学校都将精力转到课程建设上来,因为课程才是学校实施教育的基本途径,是教育观念、思想的重要载体。课程的设置与开发决定了培养对象的素质结构,只有课程异彩纷呈,才能促进学生全面、和谐发展;只有开放、动态的课程可供学生选择时,才能促进学生的个性化发展。可以说,没有课程特色就没有教育特色,也就没有独特的学校文化。

我校的发展愿景是成为一所"智慧型学校",能拥有一批"智慧型教师",培养一代代"智慧型学生"。在努力达成这一愿景目标的过程中,校本课程的设计与开发工作显得尤为重要。课程的设计与开发要基于本校的校情,确立切实可行的课程目标和能帮助学生发展的多元课程内容,从而使学校的课程成为育人的真正载体。基于以上,作为学校课程领导实验室的"先导部队",课程文本审核部责任重大。我部肩负着课程设计与开发技术的管理与领导工作的责任。同时,我部通过课程认证评估工具的使用,对每一课程的设计开发方案进行审核,以保证课程开发的质量。我部的工作成效与我校课程建设息息相关。

我部在工作过程中发现:能够通过我部认证的课程方案数量不多,整个课程设计与开发的工作进度推进得很慢。虽然大部分教师的课程设计开发方案得到了我部给予的"问题指出"和"改进建议",但老师们似乎还是没有找对改进的方向。"问题"是知道了,但怎么改却是云里雾里,即便改了又改,但仍然不尽如人意。面对这种停滞不前的情况,我部成员非常着急。我们反省我部的工作是否有亟待改进的地方,是否有哪些还没有落实到位,问题到底出在哪里呢?此时,课程管理与领导分级评估工具成为我部自我评估、自我调整的有力依据,帮助我部找到问题,解决问题。

二、评估与聚焦

此次,我部将聚焦点放在推进课程设计与开发工作的自我评估上,具体要点为:首先,我部如何指导、帮助教师改进课程设计与开发方案,让更多的好课程通过认证;其次,我部如何推进整个课程设计与开发工作的进程。

依据《学校课程管理与领导评估量规》中专门针对课程文本审核部门工作制定的评价内容,我们进行了自我对照评价。

表2-4 卢湾二中心小学课程管理与领导评估量规

评价内容	分级指标		
	优秀	良好	一般
课程开发审核	通过量规帮助教师在了解学生需求基础上,设计开发具有学校特色的校本课程。	对于教师自主开发的课程,能提供可参考的评估量规,帮助教师完善课程开发。	教师能自主设计开发课程。
	通过课程认证推介会,由文本审核部审核认证,并提出关键性改进建议。涌现的品牌课程进行校内外推介辐射。	能对教师提供的课程文本进行全面审核与认证;对教师开发的课程能够指出问题所在,并提出修改意见。	对教师提供的课程文本进行初步审核与认证。

我们发现我部工作中落实到位且做得比较好的方面是我部自主开发了《卢湾二中心小学课程设计开发量规》，并将此量规提供给教师，让其能够通过量规进行课程的设计与开发。同时，我们也依据该量规，对教师提供的课程文本进行全面审核与认证，并指出问题所在，给予修改意见。

我部在工作中存在的问题如下：

1. 对于教师提供的文本方案，我部提出的修改意见指向性还不够明确，针对性也不强，比较空泛，这可能导致了教师在修改时感觉无从下手。

2. 对于那些通过认证的课程方案，我部忽视了较为积极的推介工作，没有发挥这些课程的"品牌"效应，没有使其起到"以点带面"的作用。

三、改进与提升

针对这些问题，我部做出了如下改进：

1. 对于已经通过审核的"品牌"课程设计与开发方案进行每月一次的推介会，主要内容为：课程设计者与教师们分享自己在课程设计与开发过程中的一些故事、经验、得失；课程设计者分享自己在课程设计开发过程中的一些想法和做法；对于"品牌"课程设计的文本方案进行深度解读等等。

2. 将整个课程设计开发的教师团队按其设计课程的类别归属整编为各个独立的小团队，如设计的课程均属于"运动"的设计者们形成一个小团队。每个小团队皆有一个该类别的"品牌"课程设计者作为领队。每个小团队每月活动一次。活动内容可以是讨论某个设计者的课程方案，帮助其改进，也可以是提出自己在课程设计时的困惑，由组员群策群力，激发灵感，还可以是领队就该类别的课程在设计时该注意一些什么的问题进行指导和分享。

3. 在给予教师改进建议时，要做到：改进建议应该与文本存在的问题相一致，有明确的指向性和针对性；内容要具体，杜绝空泛；书写要规范，用词要确切、通俗易懂，杜绝晦涩难理解的词句。

在以上三条改进措施实施了一个学期以后，我部的工作效率大大提高了。通过小团队的互助共享活动，教师们从彼此身上学习，思维上碰撞出了智慧的火花。在此过程中,课程设计者之间的联系也变得更紧密了。小杨老师和小何老师所设计的课程都属于"脑力开发"类别。在团队活动中,她们彼此激辩,彼此磨合,达成一致。最终,执教低年级的小杨老师改进了自己的课程,使之成为更适合低年级孩子学习的"头脑风暴"课程,而执教高年级的小何老师则在小杨老师的课程基础上进行了进一步开发和设计,使课程无论是深度还是广度,都既是一种延续,又是一种拓宽——小何老师设计的课程是适合高年级孩子学习的"头脑风暴"。由此,两位老师设计的两门课程虽然目标和内容都大相径庭,但却是一个系列的课程,满足了不同年龄孩子的学习需求。

通过每月一次的课程推介会,越来越多的教师更为直观地了解到了一份符合我校需求的优秀课程设计方案需要满足哪些条件,而那些"品牌"课程设计者们的经验与做法则为后来者提供了一块"敲门砖",敲开了课程设计与开发的大门。

自从我部对"改进建议"的书写做出了明确规定后,老师们的课程方案改进情况大有改观,通常都能针对自己的问题做出较为明确和有效的改进,使其通过课程认证。

课程设计与开发工作事关重大,我部不敢掉以轻心,所幸借助课程管理与领导分级评估工具,得以不断自我评估、自我调整,不断改善我部的工作现状,提高我部的工作效率,使得更多的好课程能够走近学生。

(案例撰写:罗芸)

案例 2-3

跟踪评价　有效促进课程管理

(课程教学评估部)

一、背景与意义

学校课程领导实验室下属三个部门,其中课程教学评估部主要负责课程实施品质的管理与领导。课程实施就是将课程方案付诸实践的过程,这个实施的过程是一个受到多种因素影响的有机、互动的过程。我校教学评估部通过对校本课程实施的评价和反馈来监督并促进校本课程的实施。每周五下午走班课时间段里,教学评估部的几位老师总是流转于教学大楼各楼层之间,有时带着听课本听听课,有时驻足于教室窗边短时观察师生上课状态,基本保证了校本课程的正常实施。然而尽管教学评估部的老师不辞辛劳,效果却并不显著。

以科学实验DIY一课为例。2013学年,这门校本课程在我校"教师课程实施水平的分级评估"中的得分情况与上一学年相比并无太大提高,课程方案也几乎没有依据课程实施具体情况进行调整。校课程领导实验室与执教这门课程的张教师进行了多次座谈,发现了问题所在,即课程实施反馈工作做得不够到位。从心理层面上来说,这种常监控少反馈的做法使得张老师对教学评估部的听课活动并不十分欢迎,甚至带有轻微的抵触情绪。教师感觉自己被监控,多了不被信任的感觉而少了被帮助提升的感觉。从实际操作层面上来说,由于"当局者迷",张老师表示自己常常局限在思维定式中,工作中凭一己之力很难实现突破,希望能有更多"兼听则明"的机会。

基于这种情况,课程领导实验室建议教学评估部不仅要继续监控课程实施情况,还应当注重与教师之间的沟通,将发现的问题和具体建议及时反馈给相关的教研组和老师,这样更有利于老师们把握整体课程实施提升的方向,提高课程实施提升的效率。

二、评估与聚焦

教学评估部审视课程管理与领导分级评估工具中关于优化课程实施这一部分的量规要求,对自己的工作进行了评定,发现自己部门的工作只停留在"一般",缺少有建议的反馈。

表2-5　卢湾二中心小学课程管理与领导评估量规(课程教学评估)

	优秀	良好	一般
优化课程实施	能坚持通过课堂观察、质量监控等途径监控教师的课程实施;能够针对课程实践中出现的问题及时组织反馈。	能定期通过课堂观察、质量监控等途径监控教师的课程实施,基本做到反馈。	能不定期通过课堂观察、质量监控等途径监控教师的课程实施。

续表

	优秀	良好	一般
	打造具有学校特色的"启发式、少而精"的睿智课堂高效教学经验,规划各学科内容,推动以有效学习为中心的变革。	能围绕课程目标,以学生为本,营造快乐和谐的学习氛围,为学生提供学习经历并使其获得学习经验,提高教育教学质量。	没有形成睿智课堂教学策略和模式的研究,未达到学生较为理想的课程学习环境。

因此,2014学年,教学评估部的老师们采纳课程领导实验室的建议,在课堂监控常规听课后,给科学实验DIY课程老师提出了以下建议:

1. 科学实验DIY课程与自然课之间的区别不大,建议教师厘清两门课程的侧重点。

2. 实验过程中的分工合作问题非常突出。有的小组关于分工问题发生争吵;有的小组花了太多时间用于工作分配;有的小组存在强势组员,几乎每次都是他(她)在动手操作,其他小朋友得不到锻炼。建议教师思考如何根据学生特点均衡组队,怎样在活动中引导学生学会分工合作。

3. 实验后的分享交流环节,学生出现注意力持续被器材吸引、不能认真倾听他人发言等现象。建议教师引进评价机制,促进学生良好学习习惯的养成。

4. 课堂上的讨论氛围有时不够热烈。建议教师准确把握学情,遵守"跳一跳够得到"的原则,在问题设置方面多动脑筋。

三、改进与提升

我们惊喜地发现这种做法大大提高了教师的工作主动性,提升了其工作成效。张老师结合教学评估部给出的反馈意见,对课程方案和课程实施过程都进行了适切的调整,整体提升了课程的实施效果。2014学年,科学实验DIY课程在学校教师课程实施水平的分级评估中的得分从22分上升到30分。

科学实验DIY课程的这一提升得益于校教学评估部对照《卢湾二中心小学课程管理与领导分级评估工具》中"优化课程实施"版块对自己的课程领导工作做出的调

整。教学评估部的老师们在校内广泛开展校本课程教研活动,积极组织交流研讨活动,帮助和促进教师开展反思。虽然无法像教研组例会那样规律,但也逐渐进入了常态化实施阶段,小范围内的研讨活动时有进行,如听课后及时交流,课后与师生的随机访谈等,通过这些活动对课程实践中的具体问题提出一些针对性建议;全校性的研讨活动大约每学期都有两至三次,在全校性的校本课程教研会上,教学评估部的老师们把这一个阶段的校本课程实施情况进行一个总结,分享和交流各自的听课心得,并提出课程实施过程中存在的共性问题。参与课程实施的老师们也可以畅所欲言,谈谈自己在课程实施过程中的收获和困惑。大家共同讨论,研究调整策略。

在课程实施的几年时间里,老师们深切地感受到,在课程领导实验室的统领下,借助《卢湾二中心小学课程管理与领导分级评估工具》,我校课程领导实验室率领下属各部门的工作日趋具体规范,成效显著。而校教学评估部是确保我校整体课程实施工作落在实处的重要保障,校课程实施工作的落实最终让我们的学生从课程中获得了更好的成长。

(案例撰写:张晟瑜)

案例 2-4

以评价为手段 关注学生学习过程与成效

(学生成长评价部)

一、背景与意义

在学校课程领导实验室的管理指导下,我们学生成长评价部率领基础型、探究型和拓展型三大类课程教师,以评价为手段,关注学生的学习过程与成效,通过评价结果调整我们的课程,使课程更以学生为本,更契合学生的成长需求,促进学生全面发展。我们的主要职责是围绕学生的学习基础素养,帮助三大类课程教师制定各课程的评价方案,并对评价的实施进行监管和专业支持。

但是,由于学生的学习涉及整个学校的教育教学工作,三大类课程和所有教师均在我们的管理范围中,在实施管理的过程中遇到了很多问题,如:三大类课程定位不同,其评价目标、评价内容、评价方法和评价主体也有很大区别,如何指导教师根据课程定位制定科学、合理的评价方案是摆在眼前的最大困难;此外,教师专业能力的差异导致在评价方案的实施过程中,各课程间也存在着较大的差异,如何有效跟踪、监管这么多课程,并在短时间内使各课程评价实施成效能缩短差距、均衡发展,亦是一道很难跨越的槛。

以基础型课程中的英语学科为例,虽然在过去的几年间已经研发并修订了英语学科的校本评价细则,但整体评价内容还是过多地关注在低层次认知上,评价方法还是以纸笔测试为主。这显然与《学生学习过程与成效分级评估》中的多元化评价内涵是相悖的。学生成长评价部的核心人员与英语教研组多次沟通,并参与到他们的教研活动中,几位组长均表示自己专业能力有限,这种除旧创新的研发工作如果没有专业的指导几乎无法完成。而事实是,学生成长评价部的核心人员中,多为没有英语学科背景的校级或中层管理人员,因此在前期评价方案的制定过程中,行政管理的方法居多而专业支持相对较少。

二、评估与聚焦

课程领导实验室根据《课程管理与领导分级评估》中关于学生多元评价的这一部分量规,对我们学生成长评价部就管理英语学科学生学习评价工作进行了评估,评估结果如下:

表2-6 《课程管理与领导分级评估量规》报告单(学生多元评价)

评价内容	一、评估标准		
	优秀	良好	一般
学生多元评价	督促与帮助教师制定各门课程的评价方案,确保评价方案能围绕"学生的学习"通过多元化评价向学生提供更适切的教学,以期促进学生的成长。	能帮助教师制定各门课程的评价方案,确保这些评价方案能较好地符合学校课程理念并具有自身特色。	教师能初步制定各门课程的评价方案。

续表

	能够对这些评价方案的落实与不断完善进行跟踪管理,并提供有力的专业支持;充分利用评价结果,及时调整和改进学校课程计划、课程实施、课外活动安排等,促进学生全面发展。	能够对评价方案的落实与不断完善进行跟踪管理,并提供有力的专业支持;但调整和改进缺乏及时性。	对这些评价方案的落实与不断完善进行跟踪管理,并能偶尔提供一些专业支持。

二、评估结果

评估项目	评估等第	问题描述	原因分析
课程评价方案制定	一般	英语学科课程评价方案的制定缺乏理论依据,评估指标比较主观,缺乏科学性和可检测性。	1. 英语学科教师缺乏有关评价的理论知识,在制定评价方案过程中缺少学科背景深、理论素养高的领导人物来统筹和管理。 2. 英语学科教师对学校关于《学生学习过程与成效分级评估》量表的解读不够到位,未能很好地将综合量表与学科特色相结合。 3. 学生成长评价部对英语学科评价方案的制定缺乏有效的指导。
课程评价方案落实	一般	未能严格按照方案实施评价,评价方式和评价主体单一,评价不够客观全面。	1. 对英语学科评价落实的监管不到位,没有做到定期跟踪和长效管理。 2. 对英语学科的评价实施缺乏专业指导,特别是未能对存在问题提出有效的改进意见。

　　从课程领导实验室给出的问题清单和原因分析报告中不难看出,学生成长评价部在《学生学习过程与成效分级评估》英语学科课程评价管理上,之所以只有"一般"的管理成效,其原因基本聚焦在一点上,即管理部门没有创造充分且有利的条件,为英语教师就学生的课程学习评价提供强大的专业支持。这种专业支持的缺失不仅存在于我们对英语学科课程评价的管理上,也存在于对其他类型其他课程的管理上,因此是一个比较普遍的问题。为此,我们学生成长评价部召开了几次研讨会,对这种专业支持的缺失进行了深入的分析,它主要表现在:

　　1. 管理者与实践者的学科背景不统一,无法提供专业支持。

2. 管理部门没有提供学科专业培训,专业支持针对性不强。

学生成长评价部的管理者都是非英语学科背景,对于英语学科特点和英语语言学习的规律并不精通,他们在英语学科课程评价方案的制定和实施上只能给予一些普适的理论指导,无法提供英语学科专业方面的培训。因此整个方案制定和实施的过程中,英语教师大多靠自己的经验判断,靠自己的学识和能力摸索,而这些经验和能力在没有任何外部专业支持和推动的情况下,还不足以支撑他们科学、有效地完成整个课程学习评价方案的研发和落实工作。管理部门自身无法提供专业辅导的同时,也没有积极地寻求外力来解决这种尴尬。

三、改进与提升

在课程领导实验室的建议下,我们学生成长评价部进一步提高了深入英语教研组的频度,与全体英语教师共同商讨对策,制定了如下的改进计划:

1. 调配学校英语教师到学生成长评价部,统筹管理英语学科评价方案修订工作和跟踪管理工作。

2. 聘请市、区英语学科教学专家亲临教研组,就英语学科的学习评价做专题辅导,帮助全体英语教师树立多元评价的意识。

3. 学生成长评价部老师深入英语教研组,进一步解读《学生学习过程与成效分级评估》量规,帮助教师从量规中进一步细化英语学科的评价方案。

4. 建议五个教研组以某个单元教学为例,先进行试点研究,形成一定的经验后,再以点带面,设计完整的本年段评价方案。

学生成长评价部与英语教研组根据共同制定的改进计划,进行了新一轮的实践探索。在这一轮的研究中,英语教师不再是孤立作战,他们形成了有学科教师领衔、有专家指导、有教师实践的团队。所有的改进措施都直接指向"缺乏专业支持"这一课程管理问题。大力加强专业支持,包括学科专业支持和科研专业支持,使得对学生英语学科的学习评价由原先的单一评价逐步改进为情意领域、习惯领域和认知领域的多元评价;评价方式由过去的纸笔测试丰富为表现性评价、形成性评价和评价伴随等多个渠道;评价主体也由过去的教师主导评价变为教师、学生、家长等多主体评价。英语教师对学生的学习评价发生变化后,学科教学的成效也有了显著的提升。

从英语学科学习评价的个案中可看出,学生成长评价部在课程领导实验室的领导下,运用《课程管理与领导分级评估工具》,可以对三大类课程的学习过程和成效评估进行有效的统筹管理,即使是面对不同类型、不同定位的课程,只要对照课程管理量规定期进行评估、监控、指导与改进,假以时日,各课程在学习评价之间的差异会日益缩小,三大类课程的学习成效将会整体提升。

(案例撰写:严慧)

案例 2-5

管理促进实践活动课程中学生成长评价完善与改进
(学生成长评价部)

一、背景与意义

我们学校是一所有着一百多年光荣历史和传统的学校。学校"温诚勤朴"的校训始终如一,浓厚的历史积淀与"智慧型学校"理念的碰撞,使这所有着百年历史的名校焕发出迷人的风采。

学校课程领导实验室以学生智慧成长的需要为突破口,除了基础性课程之外,还致力于全面构建有助于学生投入社会生活、亲历实践过程的教学体系,自主研发的学校探究型和拓展型课程为学生的智慧成长提供了良好的土壤。

而学校探究型课程中的"智慧成长30事"就是根据孩子在校五年的成长阶梯所设计实施的综合教育实践探究活动,以此来提高学生文明素养、道德意识,并培养其实践能力、探究能力。"智慧成长30事"四年级有"走访一所名人故居"的教育实践活动。这项活动可以加强对学生的革命传统和历史传统文化教育,让学生拉近与名人的距离。

二、评估与聚焦

课程领导室下属的学生成长评价部对四(2)班薛老师的活动开展进行了全面的跟踪评估,发现薛老师能根据学生的认知水平、以往活动的经历与体验,明确教育实践活动目标。为了保证这次教育实践活动的有效性、持续性、民主性,提高学生参与活动的兴趣和积极性,她精心设计和策划了"文明智慧出行 走访名人故居"的实践教育活动方案。为了了解学生在此教育实践活动中是否真正获益、活动方案的实施是否对培养学生各方面能力行之有效,更为了便于在教育实践活动中及时发现问题进行反馈,我们要求薛老师精心设计一份学校"智慧成长30事"之"走访一所名人故居"教育实践活动的评价方案。

薛老师的教育实践活动评价方案头稿新鲜出炉后,她虚心听取学生成长评价部的建议,不断修改评价方案的细则和要求。学校学生成长评价部的组长也不断深入年级组,展开多次讨论。评价方案拟定之后,马上让学生进行活动评价。我们对薛老师学生评价表格汇总的一些数据进行统计,看到了活动实施后的一些教育实践效果和问题。同时学生成长评价部利用学生学习过程与成效分级评估工具评估她制定的学生成长评价方案和实施效果,肯定了她的评价方案能较好地符合学校课程教育理念。从学生评价反馈来看,由于活动前的充分准备和有效策划,这次实践活动开展得较为顺利,达到了预期的教育效果。

在此基础上,学校课程领导实验室结合课程管理与领导分级评估工具,从"学生多元评价"的角度,就学生成长评价部指导老师制定评价方案的工作情况进行了评估打分,具体结果如下:

表2-7 卢湾二中心小学课程管理与领导评估量规(学生成长评价)

评价内容	分级指标			评定
	优秀	良好	一般	
学生多元评价	督促与帮助教师制定各门课程的评价方案,确保评价方案能围绕"学生的学习"通过多元化评价向学生提供更适切的教学,以期促进学生的成长。	能帮助教师制定各门课程的评价方案,确保这些评价方案能较好地符合学校课程理念并具有自身特色。	教师能初步制定各门课程的评价方案。	良好

可见，学生成长评价部能够真正帮助教师合理有效地制定学生成长评价方案，确保这些评价方案与学校的课程评价理念一致，彰显学校"智慧育人"的教育理念与特色。但是，我们从评估中也不难看出，有些地方仍然亟待改进。我们发现问题主要表现在校方对薛老师制定的学生评价方案的落实与完善方面的工作没有跟进，没有进一步做好跟踪和管理，忽略了监督，缺乏一些引导性的工作，尤其是实践活动的后续反馈工作。

三、改进与提升

由此，我们学生成长部负责德育的分管领导和薛老师所在的四年级组所有参加此次"智慧成长30事"系列教育实践活动的班主任老师，根据评估结果，一起讨论，努力反思，找出不足。薛老师和大家一起回忆教育实践活动实施过程中的每个环节，追根溯源，发现了以下这些问题。

从学生评价反馈来看，由于活动前的充分准备和有效策划，这次实践活动开展得较为顺利，达到了预期的教育效果。但是"走访名人故居"教育实践活动后续活动的反馈和落实不够，工作做得不够踏实。如：学生对各个小队选择前往名人故居的不同路线和自己认为合适的出行方式或使用不同的交通工具的利弊泛泛而谈，"环保出行"理念不够突出，不利于教育的延伸；对名人故居的走访、事先查阅名人相关资料、听讲解员介绍名人轶事，只是使学生对名人有了粗略认识，还不能算是真正了解了名人，自然也难以激发学生对名人的敬佩之情。

看到薛老师找到了问题的症结，我们德育处负责人立即让她和其他老师马上跟进，设法弥补之前教育实践活动的不足，将这次"走访名人故居"教育实践活动的后续反馈环节进一步落实和完善，切忌"教育走过场"。同时，为了更好地使教育实践活动落到实处，提高学生参与活动的积极性，体现实践活动真正的教育价值和意义，更为了对学生评价方案的落实与工作的不断完善进行有效的跟踪管理，我们要求薛老师立即着手修改教育实践活动的学生评价方案，特地在学生评价方案中增加了与"活动获益"相关的评价细则。比如：让学生通过对不同的出行方式和交通工具所带来的变化的感受，深思"怎样有效地选择出行方式和合理使用交通工具"，进而自然而然地树立"绿色环保出行"的理念与意识；鼓励学生用小报制作、ppt制作、思维导图、名人小小故事会、欣赏名人传记等种种方式来"走近名人"、"了解名人"、"学习名人"。

　　就这样，薛老师进行了学生评价方案的整改，包括对活动后续反馈的评价细则的增补。随后，四年级组的其他老师则根据重新制定的评价方案去整改和完善自己的教育实践活动。整改后的教育实践活动更加丰富多样，教育效果显而易见。学生对于活动的评价也更为真实、鲜活，学生对活动的参与度、积极性也更高了。然后，学校成长评价部又一次对薛老师制定的学生评价方案进行评估打分，发现较之前有了明显的进步。同时课程领导实验室结合课程管理与领导分级评估工具从"学生多元评价"的角度，就学生成长评价部指导老师制定评价方案的工作情况进行再次评估打分，此次结果为"优秀"。

　　可见，学校学生成长评价部根据课程管理与领导分级评估工具对自身的工作进行评估改进，的确能够帮助教师更为合理有效地制定各门课程的学生成长评价方案，确保这些评价方案与学校的课程评价理念保持一致性，便于更好地促进教育实践活动课程中学生成长评价的完善与改进。另外，对这些评价方案的落实、完善进行跟踪监督、有效管理也是极其重要不可忽略的环节，可以检验评价的适切度，体现了评价的多元化，激励了评价机制。

（案例撰写：薛枫）

第三章　课程设计与开发的分级评估

每一个孩子都是一首动听的歌。学校课程设计的着眼点不在于一个人在数理逻辑上有多聪明,而在于充分发展儿童的优势智能领域,彰显学生的个性差异,让不同天资和禀赋的孩子都能够得到适合自身的发展。让学校课程变革承载起个性发展的使命,不仅要让学生"学会",更要让学生"会学";不仅要教学生"适应",更要教学生"改变";不仅要着眼"当下",更要迎接"未来"。分级评估,让学校课程没有最好,只有更好。

学校办学的目的是为了让每一个孩子都能享受到优质的教育教学,促进每一位学生的全面发展。要达到这样的愿景目标,可以说课程是非常重要的载体,是一切教育活动的中心。如果一所学校要实现对本校学生的培养目标,那么除了教育部门所规定的基础课程之外,还必须有一系列体现本校办学特色、符合本校学生学情、促进本校学生发展的校本课程。为此,课程设计与开发成为学校工作"重头戏"乃大势所趋。但是,在校本课程开发的过程中,对于教师设计的课程方案如何进行评估呢? 如何判断课程方案是否有资格走进课堂,成为一门真正意义上的"课程"呢? 这就需要一个真实性评价工具,对课程设计与开发方案进行等级评定。为此,我们经过长时间的研究、尝试、反思、调整,制定了一套标准。每一门课程方案,只有通过这一套标准的评估,拿到最后的"通行证",才能呈现在学生面前。

一 满足学习需求的课程设计与开发评估理念

"校本课程是学校本位课程,是以学校教师为主体,依据学校自身的性质、特点、条件以及可利用和开发的资源,通过对本校学生的需求进行科学评估,旨在满足学生发展需求而开发的多样性的、可供学生选择的课程。"基于以上对校本课程概念的界定,我们认为在课程设计与开发的评估工具的设计过程中,也应以此为基准,力求评估工具能够对于该课程能否体现学校特色以及满足本校学生发展需求做出科学、客观、公正、合理的评估。

(一) 确定评价要素

对于设计开发课程而言,课程目标、课程内容、课程实施方案的制定以及课程教材的开发是关键,缺一不可。设计者设计该门课程的意图、期望通过该门课程达成的教育教学目标,无一不是通过以上四方面体现出来的。为此,我们也将上述四个方面确定为主要评价要素。

(二) 确定主要评价指标

主要评价指标应该与"课程体现学校特色,满足学生发展需求"的指导思想紧密契合。同时,所确定的主要指标整体要能够涵盖影响评价要素的各个主要方面。

课程目标是一门课程的灵魂。课程目标的制定应该体现学校的办学特色,并且以学生发展为核心。

课程内容是一门课程的血肉。课程内容的选择和设计要根植于学生的学习活动、实际需要和日常生活,满足学生不同的兴趣、特长、爱好并且与学校周边地方特色资源相整合。每一课程在内容的选择上,一定要注意所涉及的知识和能力,是否能为实现教育目标而服务,是否能够达到教育功能的实效,是否着眼于学生未来的发展。

课程实施方案是一门课程的精髓。课程的实施直接影响到课程目标的达成。因此,课程实施方案的制定应该框架完整,叙述清楚,能清晰地表达出设计者的意图,同时,方案内所设想的教学策略、学法指导也应该是有效的。

课程教材是传递课程信息的桥梁。学生正是通过教材来感知课程,了解课程的。所以,设计的教材必须科学、正确、清晰,并能考虑学生的年龄特点,力求图文并茂,富有趣味。

(三) 描述评价的具体要求

描述评价的具体要求指具体说明评价准则在每个等级水平上的表现是什么样的。因其是评估每一要素的主要指标处于什么等级的标准,所以应该使用具体的、明确的、可操作的描述语言,避免使用概括性的、含糊的语言。

二 基于目标模式的课程设计与开发评估框架

我校课程设计与开发分级评估量规分为四个维度,分别是:课程目标、课程内容、课程实施方案和课程教材。每个维度又细分出相应的主要评价指标,每个指标的评估分为三个等级标准。每个等级水平均有具体要求描述。如下表:

表3-1 课程设计与开发分级评估工具量规

评价项目		等第		
		优良	一般	不合格
课程目标	(一) 课程目标体现学校的办学特色	课程目标的制定与学校文化相吻合,较好地体现了学校的特色内容,是名副其实的"校本课程"。	课程目标的制定与学校文化相吻合,能够体现学校的特色内容,但还不够明显。	课程目标的制定与学校文化不一致,无法体现学校的特色内容。
	(二) 课程目标体现本校的育人目标	课程目标中与学生相关的目标制定与本校学生的发展目标相一致,较好体现了满足和发展学生的兴趣,提供学生表现、表达兴趣的机会。	课程目标中与学生相关的目标制定与本校学生的发展目标基本一致,能够体现满足和发展学生的兴趣,但没有提供学生表现、表达兴趣的机会。	课程目标中与学生相关的目标制定与本校学生的发展目标不一致,无法体现满足和发展学生的兴趣。

续表

评价项目		等第		
		优良	一般	不合格
课程内容	（一）有特色	课程内容在选择上与学校周边丰富的课程资源相结合，有力地弥补了学校资源的不足。	课程内容的选择能够与学校周边课程资源相结合，却无法弥补学校资源的不足。	课程内容的选择与学校周边课程资源无结合。
	（二）有效性	课程内容在选择上，所涉及的知识和能力较好地为实现教育目标服务，较好地达到教育功能的实效，能够促使学生进行有效的学习。	课程内容在选择上，所涉及的知识和能力能够为实现教育目标服务，但达到教育功能的实效性方面还较欠缺。	课程内容在选择上，所涉及的知识和能力不能为实现教育目标服务。
	（三）有重点	在大量的课程资源中，课程内容的选择是具有代表性的重点内容，所涉及的知识与能力着眼于学生的未来发展。	在大量的课程资源中，课程内容的选择是具有代表性的重点内容，所涉及的知识与能力却无法促进学生的发展。	在大量的课程资源中，课程内容的选择无重点内容，眉毛、胡子一把抓，无法凸显开发者的意图。
	（四）有趣味	课程内容是充满趣味性的，较好地激发学生的学习欲望，能够提高学生的想象力和积极性。	课程中部分内容有一定的趣味性，可以激发学生的学习欲望，但另有一部分内容则有些枯燥乏味。	课程中大部分内容都无趣，无法激发学生的学习欲望。
	（五）适合学	课程内容的难易程度适合绝大部分的学生，较好地与学生已有的知识水平相联系。	课程中部分内容的难易程度适合绝大部分的学生，但还有些内容过难或过易。	课程中的大部分内容都无法与学生已有的知识水平相联系，难易程度不适合绝大部分的学生。
	（六）现实性	课程内容从学生的实际生活出发，非常符合当今社会和世界的现实要求，较好地反映了当代科技的发展成果。	课程内容从学生的实际生活出发，部分符合当今社会和世界的现实要求，部分则游离于学生的实际生活之外。	课程内容脱离学生的实际生活，与当代社会和世界脱节。

续表

评价项目		等第		
		优良	一般	不合格
	（七）实用性	课程内容的选择有前瞻性和超前性，有助于学生解决目前的问题和未来的问题，能引发学生进行真正的思考。	课程内容的选择有前瞻性和超前性，但提供的仅是学生可以习得的知识和技能，对学生解决目前的问题和未来的问题的帮助不大。	课程内容的选择对于学生而言，无法帮助其解决目前的问题和未来的问题，也无法引发学生进行真正的思考。
课程实施方案	（一）课程实施方案整体框架	课程实施方案具体，框架完整，思路清晰，所列举的策略能为达成课程目标服务。	课程实施方案具体，框架完整，但有些地方表达不清楚，部分策略无助于达成课程目标。	课程实施方案较为笼统、简单、思路混乱，无法凸显设计者的意图。
	（二）课程实施方案中能体现资源整合，多方合作	课程实施方案能较好地体现多种课程资源的整合，并且有与多方合作、共同实施的设想和具体操作方法。	课程实施方案中有体现课程资源的整合和多方合作的设想，但所选择的课程资源较为单一，并且没有具体的操作方法。	课程实施方案中根本没有或者几乎没有课程资源整合、多方合作的内容。
	（三）课程实施方案能体现学生的参与和实践	课程实施方案能较好地体现在课程实施过程中将会提供学生大量共同参与的机会和实践的机会。	课程实施方案中有提供学生参与、实践的机会的内容，但从方案中看，这些机会的次数较少。	课程实施方案中根本没有或者几乎没有提供学生参与、实践的机会的相关内容。
	（四）课程实施方案达成课程目标的可行性	课程实施方案中所描述的策略、方法和教学过程达成课程目标的可行性很大。	课程实施方案中所描述的策略、方法和教学过程有一部分有达成课程目标的可行性。	课程实施方案中所描述的策略、方法和教学过程达成课程目标的可行性很小或几乎无法达成课程目标。

续表

评价项目		等第		
		优良	一般	不合格
教材设计	（一）主题	教材主题明确，与课程内容和课程实施方案相符合。	教材主题明确，但有部分与课程内容和实施方案不符合。	教材无主题或主题不明确。
	（二）部分	每部分都有一个明确的主要内容，描述的语言有条理、规范、易被理解，描述的知识性概念科学、正确。	每部分都有一个明确的主要内容，描述的语言有条理、规范，但部分语言过于专业，晦涩难理解，描述的知识性概念科学、正确。	并不是每部分都有一个明确的主要内容，描述的语言思路不清、表达不清。
	（三）图画	教材中图画布局合理，充满童趣，清晰度高，有助于达到每部分的目标。	教材中的图画布局合理，充满童趣，清晰度高，但部分与目标无关。	教材中图画胡乱安插，像素较低。
	（四）组织	教材中各部分的内容组织有逻辑性，文字与图画相得益彰、整洁美观。	教材大部分内容组织有逻辑性，文字与图画相得益彰、整洁。	教材中内容组织没有逻辑性，文字图画安排不合理。
	（五）书写和语法	没有书写和语法错误。	有些地方出现书写和语法错误。	书写和语法错误频繁出现。

借助这一套量规工具，我们对于每一门课程的设计与开发方案的评估才有据可循，有理可依。只有通过这套标准"检验"的课程，才能堂堂正正地走进课堂，走近学生。

在教师设计与开发课程之前，我们就提供量规，有利于教师在设计过程中明确自己的目标，了解什么样的课程是较理想的，从而发挥量规对于明确课程设计与开发的目的和对教师设计过程的导向作用。另一方面，在开发前提供量规，还有利于过程性评价的实施，使评价活动贯穿在整个课程开发过程中，发挥其应有的前瞻性功能。

在课程设计与开发的过程中，设计者按照量规中所提供的具体而详细的评价标准，可以方便地检查自己的设计开发方案中可能存在的相关问题，从而有效地促使其进行修改与完善。

在教师完成课程设计与开发的工作之后,在课程真正实施之前,我们运用该量规评估该教师所设计的课程是否符合本校对于课程设计与开发的要求,并将有问题的地方及时进行反馈,不断提醒教师注意量规的要求,对课程设计与开发方案进行进一步修改。

三 运用分级评估工具有效提升学校课程品质

课程设计与开发分级评估工具帮助学校课程认证部门确保了每一门进入课堂的课程的质量,也让每一位课程开发者能够更客观地审视自己的课程设计开发方案并作出最优调整。

案例 3-1

用量规进行课程认证

一、背景与意义

罗老师是我们学校一位教龄较长、教学教育经验比较丰富的中年教师。她长期担任班主任和语文教师。她喜欢旅游,遇到假期经常是闲不住的,流连于名山大川。结合自己的兴趣和教学专长,罗老师设计开发的课程是环游中国。该课程旨在通过向学生介绍中国各地的历史文化、风土人情、世界遗产以及科技发展对一些古老文明的破坏,引发学生的深层次思考。这门课程的设计意图是针对孩子由于自身条件所限而对于自己居住的城市、自己出生的国家的一些历史风貌其实很陌生的现状,帮助学生了解自己不熟悉的生活,探寻未曾领略过的风情,从而获得难得的人生感悟。这不仅能让孩子感受到自然的伟大、人类智慧的伟大,更能激发学生对这个世界的热爱、对生活的热爱、对生命的热爱。同时,环游中国这门课程希望除了扩大学生的知识面之外,还能通过强调各类学科知识的整合,让学生将课堂中所学到的知识在实践中进行综合运用,包括培养学生口头表达、实际操作和写作等方面的能力,让学生掌握在实际生活中为外出旅游做准备的方法,学会观察、思考的学习方法,学会辨别美丑的方法,知道怎样发现生活中的美,提升其审美能力。

罗老师的这些想法,我们课程领导小组非常认同并充满期待。但这想法是否能够真正地落实到环游中国这门课程中去,课程是否能实现设计者的意图并达成设计者的目标,是否可以走进课堂……这一切还是未知数。这门课程是否能满足本校学生的需求?它必须经过课程领导核心小组和专家团的审核、评价。

二、评估与聚焦

我们课程领导核心小组成员和专家团仔细阅读了罗老师的课程设计方案,以《卢湾二中心小学课程设计开发量规》为依据,将聚焦点放在对课程需求和适切性的评估上,具体要点如下:

1. 该课程的设计理念与目标是否与我校的办学理念、学生的发展目标一致?
2. 课程内容是否以适合本校学生的特点、激发他们的学习兴趣为根本进行设置?
3. 课程实施的设想是否能够达成该课程提升学生能力的目标?
4. 课程是否有持续发展的可能性?

经过几个回合的讨论,综合大家的意见,我们完成了环游中国这门课程的设计开发方案的评价表。

表3-2 环游中国课程设计开发方案评价表

评价项目		等第		
		优良	一般	不合格
课程目标	(一)课程目标体现学校的办学特色	√		
	(二)课程目标体现本校的育人目标	√		

续表

评价项目		等第		
		优良	一般	不合格
课程内容	(一)有特色	√		
	(二)有效性	√		
	(三)有重点		√	
	(四)有趣味		√	
	(五)适合学	√		
	(六)现实性	√		
	(七)实用性		√	
课程实施方案	(一)课程实施方案整体框架	√		
	(二)课程实施方案中能体现资源整合、多方合作	√		
	(三)课程实施方案能体现学生的参与和实践		√	
	(四)课程实施方案达成课程目标的可行性		√	
教材设计	(一)主题	√		
	(二)部分	√		
	(三)图画		√	
	(四)组织		√	
	(五)书写和语法	√		

我们发现,从"课程目标"这一维度来看,该门课程的等第为"优良",该门课程的设计理念和目标的制定都体现了我们学校的办学理念,与我们学校的文化基调非常一致。同时,它也以我校学生发展目标为切入口,充分考虑到了学生的发展需求和兴趣爱好。但我们也发现,在"课程内容"这个部分,该门课程得到的等第是"一般",主要问题表现在:

1. 有重点方面。按照量规对"优良"这一等第的描述,要求在大量的课程资源中,选择的课程内容是具有代表性的重点内容，所涉及的知识与能力着眼于学生的未来发展。

环游中国这门课程的课程资源极其丰富，认为好的资源都放进了课程内容，导致根本没有代表性的重点内容可言。结果就是眉毛胡子一把抓，搞不清安排这些内容的意图究竟是什么。

2. 有趣味方面。按照该门课程的设计方案来看，该门课程主要的授课对象是我校三年级学生。这个阶段的学生处于中年级学段，相比低年级学生，他们对于一些比较简单的、略微抽象的概念能够理解，但显而易见的是，他们依然需要很多直观的、具象的表现形式，需要游戏来提高学习兴趣。然而，该门课程中的"历史追溯"、"对人类文化发展的价值"、"建造过程"等内容缺乏趣味性，相反还比较枯燥，那些庞大的数据和各种令人眼花缭乱的流派，怕是会让学生产生抵触心理。

3. 实用方面。量规中对"实用"这一评价项目"优良"等第的描述是：课程内容的选择有前瞻性和超前性，有助于学生解决目前的问题和未来的问题，能引发学生进行真正的思考。环游中国这门课程毫无疑问在知识与技能的习得上是给予了学生很大帮助的。该门课程能让学生开阔眼界，了解中国文化，使其在人文方面受益颇丰。这可能与罗老师本身所从事的专业——语文教学有关，但是，该门课程却没有一点策略与方法能帮助学生解决目前的问题和未来的问题。

受到课程内容的影响，教材设计上自然也有不少问题。

面对这样一份课程设计开发方案，我们认为，虽然它还存在不少问题，目前的等第尚未达到"优良"，但是，它的设计理念和课程目标获得的等第是"优良"，甚至可以说是"优秀"，若将它拒之门外实在太可惜了。只要经过修改，这将是一门非常棒的校本课程。于是，我们在该门课程的评价表上写下了改进意见。

1. 对课程内容进行删减，选择有代表性、能够体现设计者意图的重点内容。

2. 在内容的选择上要考虑到孩子的年龄特点，删除无趣的内容，增加有趣味性的内容，或对现有内容进行修改，增加其趣味。

3. 课程不仅仅是为了让学生获得知识和技能，更应该为学生的长远发展着想，能够提供策略、方法，帮助学生解决比较简单的实际生活问题。

4. 教材根据课程内容的重新架构做出相应的调整。我们和罗老师进行了一次沟通，并再次将《卢湾二中心小学课程设计开发量规》、《课程设计开发评价表》和《环游中国课程设计开发方案》都呈现在罗老师面前，就每一条评价项目，对照罗老师撰写的方案，进行了详尽的说明，并且将"改进意见"也做了更为具体的阐述。这一次的沟通，使罗老师明白了自己设计的这门课程的优势所在，以及存在的问题有哪些，也明确了自己改进的方向。

三、改进与提升

几个月后，经过修改的《环游中国课程设计开发方案》呈现在我们面前，我们主要针对上一次问题比较大的几个项目，依据量规再次进行评价。

这次，我们惊喜地发现，无论是"有重点"、"有趣味"还是"实用性"，该门课程的设计都有了很大的进步。主要改进如下：

1. 课程内容经过删减后，重点突出，保留了那些从学生实际出发、有人文内涵的、传承文化传统的代表性内容。

2. 内容选择上增加了热点内容，能够有效激发学生的学习兴趣；增加了实践内容，围绕教育教学活动开展学生亲身体验的实践活动，提高学生的实践能力和创新能力；删除了大量枯燥的数据和冗长的历史背景介绍，转而以视频、故事的形式呈现。

3. 在课程实施方案中增加了"任务"项目，即指在课程学习的过程中，学生紧紧围绕一个由教师提出的共同的任务活动中心，在强烈的问题意识的驱动下，通过对学习资源的积极主动应用进行自主探索和互动协作的学习，完成既定任务的同时，由教师引导学生进行一种学习实践活动。在完成任务的过程中，引导学生掌握解决简单问题的方法、策略。

同样，我们针对"教材设计"又一次提出了"改进意见"，并向罗老师做出说明。具体如下：

1. 教材中图片的运用要有目的，要为达成该内容的教学目标服务，并非只是为了美观。

2. 教材的组织要有条理，逻辑关系合理，能明确反映设计者的意图。文字和图片的布局要相得益彰、整洁美观。

就这样,几次修改后,《环游中国课程设计开发方案》终于通过了审核,我们有了最新的课程:

环游中国课程为学生打开了一扇了解中国的窗户,帮助学生领略不同地方的美丽,感受不同文化的魅力,了解不同文明的发源,在不同文化撞击中发展,在思考中成长。它为学生提供了一个实践的机会,在学习的过程中,将在其他课程中学到的知识,如绘画、写作、口头交际、计算、操作等进行合理的运用,从而更牢固地掌握这些知识;让学生掌握在实际生活中为外出旅游做准备的方法,学会观察、思考的学习方法;学会辨别美丑的方法,知道怎样发现生活中的美,提升其审美能力;同时,它也让学生在学习过程中得到情感的体验,产生热爱家乡、热爱祖国、热爱生活、热爱生命的思想感情;提高学生的环保意识,指导其在生活中保护自然文化遗产、人类文明遗产。

这样的课程正是我们学校所需要的,也是我们学生所需要的。它为学生的发展服务,本身也具有持续发展的无限可能。它可以走进课堂,和学生见面了。

罗老师只是学校众多课程设计开发者中的一员,环游中国也只是学校众多校本课程中的一门。对于每一门校本课程的设计与开发,我们都是借助量规,力求做出公正、客观、合理的评价,以确保每一门获得"准许证"的课程都是有质量的、有潜力的、有前途的。

(案例撰写:罗芸)

案例 3-2

我自己的课程

一、背景与意义

时光飞逝。转眼间,自己踏上三尺讲台已二十余年。我长期担任班主任和语文老师。我喜欢朗诵,喜欢演讲。记得刚上班那会儿,我经常代表学校参加市区的教师演讲比赛。在一次次的比赛中,我使自己的口头表达能力得到了进一步的提高。因此结合自己的兴趣和教学专长,我设计开发了口语交际这门课程。一开始,虽然有了这样的想法,但在课程设计与开发方面,我完全没有经验,是摸着石头过河。在此过程中,我不止一次遇到了"瓶颈",而那时,给我帮助最大的是《二中心小学课程设计与开发量规》。它非常详尽地描述了课程设计与开发时课程目标、课程内容、课程实施方案、教材设计的相关评价标准。它让我明确了一份好的课程设计方案必须要符合哪些条件。

二、评估与聚焦

表3-3 口语交际课程设计开发方案评价表

评价项目		等第		
		优良	一般	不合格
课程目标	(一)课程目标体现学校的办学特色	√		
	(二)课程目标体现本校的育人目标	√		
课程内容	(一)有特色	√		
	(二)有效性	√		
	(三)有重点		√	
	(四)有趣味		√	
	(五)适合学	√		
	(六)现实性	√		
	(七)实用性		√	
课程实施方案	(一)课程实施方案整体框架	√		
	(二)课程实施方案中能体现资源整合,多方合作	√		
	(三)课程实施方案能体现学生的参与和实践		√	
	(四)课程实施方案达成课程目标的可行性		√	

续表

评价项目		等第		
		优良	一般	不合格
教材设计	（一）主题	✓		
	（二）部分	✓		
	（三）图画		✓	
	（四）组织		✓	
	（五）书写和语法	✓		

在我选择课程内容时，可以说这份量规成为了我的"拐杖"和"指路灯"。依据我校《课程设计与开发量规》的相关要求，在确定课程内容时，我力求与学校周边丰富的课程资源相结合，弥补学校资源的不足。同时确保课程内容所涉及的知识和能力较好地为实现教育目标而服务，较好地达到教育功能的实效，能够促使学生进行有效的学习。课程内容又是充满趣味的，较好地激发学生的学习欲望，能够提高学生的想象力和积极性。

通过学习，对比量规，我认为对口语交际来说，课程内容往往是通过活动来体现的。活动设计的最基本要求是要有明确的指向，集中地体现相对单一的课程内容，从而有效地达成课程与教学目标。

我的课程设计方案在课程内容设计方面存在以下的问题：

1. 口语交际课程的教学内容是非常丰富和广泛的，只要是口头表达的主题都可以作为教学内容。那么针对小学生，到底哪些内容于他们而言是最重要的呢？在我的课程内容中体现不出哪些是最重要的内容。

2. 口语交际授课的对象是小学生。小学生喜欢的内容必定是有趣的、能激发他们学习兴趣的。我设计的部分课程内容对小学生而言有点枯燥，并且内容过深，他们学习的劲头不大。

3. 口语交际本就是一门实用性的课程，帮助学生更好地表达自己的想法，达到与人有效沟通的目的。细看我设计的课程内容，有一些离孩子的生活比较远，对于他们的实际生活帮助不大。

三、改进与提升

针对这些问题,我对自己的课程方案做出了如下的改进:

1. 通过仔细观察学生日常生活以及对学生进行问卷调查,找出孩子们在进行口头表达时和与人沟通时存在的问题。根据这些问题,设计相应的课程内容,作为该课程的重点内容,删去原本的内容。

2. 为了提高课程内容的趣味性,我在课程内容中设计了"讲故事"的环节。讲曾经发生过的能与学生生活经历产生共鸣的真实故事,也包括学生讲述自己生活中的相关经历。故事的主题应该是不成功的交际,或者现在回想起来有缺憾的经历。同时,我将看"录像",即观看真实生活中别人的或自己的交际实情的教学录像也作为主要课程内容。

3. 将搜集课程内容材料由原先的上网方式改变为调查、了解、询问方式。通过对家长、学生、任课教师等多方面的调查、询问,了解最贴近学生生活的口语交际问题、口语交际方式,将其作为课程内容,使其更贴近学生生活。

经过调整后,我的课程比原先更为贴近学生,对学生的帮助也更大了。感谢《课程设计与开发量规》,让我明确了自己开发的这门课程的设计方向,并且使我拥有了只属于我的与众不同的课程内容和实施方法。

(案例撰写:王玉叶)

案例 3-3

量规助我成功

一、背景与意义

我是一个喜欢看卡通片的青年女老师,虽然已经步入社会工作多年,却和同学们一样有着一颗"童心"。在设计和开发课程初期,我有了一个大胆的设想:如果有这么一门课程,既有学生喜闻乐见的卡通故事,能深受同学们的喜爱,又能在带给同学们快乐之余,让他们养成敢于发表自己的见解的习惯,在交流中锻炼自己的表达能力,从而逐步发展学生独立观察、思考、想象等思维活动的能力,那该是一门多么好的课程啊!由此,适合小学低年级的一门走班课程——卡通故事会的雏形便在我的脑海中产生了。接下来,我搜集了大量的有关素材,开始研发设计卡通故事会课程。总体来说,它是以小学语文学科为基础,以学生的所观、所闻、所想、体验、感受为内容,以讨论、表达、交流为表现形式的一门拓展型课程。它能帮助同学们养成与同伴合作交流的习惯,进而激发他们的表达欲,使他们愿意大胆清楚地表达,因此可以发展学生们的思维,符合学生的发展目标。

课程的设计和开发仅凭着一腔热血是远远不够的,它是一个非常复杂的过程,要推出一门真正意义上的课程,只有认真根据课程设计开发量规进行设计和开发,并使其通过分级评估,才能真正完成。

二、评估与聚焦

我的最初设计是这样的。教材设计上要大胆用色,插图新颖有趣,从第一眼就充分吸引孩子的注意力,调动孩子学习知识的兴趣,继而使他们爱上卡通故事会这门课程;还要有较为新颖的教学模式:在课堂上,老师与学生互动,边演边说,边说边议,加深孩子们的印象。只有能让孩子投身其中,并能乐在其中,才能让他们记忆深刻,从而达到培养孩子的综合表达能力的目标。为此,我精心组织了一套自认为相当不错的教学内容,我对教材是十分满意的。

可是,当我拜读过陈瑾校长的《L-ADDER课程分级评估工具的研究》和我校罗芸老师撰写的《课程设计与开发的分级评估》论文后,我开始对照其中极具可操作性的《课程设计与开发量规》,有针对性地检查自己的设计方案,发现了我的课程设计能力还停留在较浅层次,课程的设计中也存在着很多问题。卡通故事会这门课程的设计开发方案的评价表如下:

表3-4 卡通故事会课程设计开发方案评价表

评价项目		等第		
		优良	一般	不合格
课程目标	（一）课程目标体现学校的办学特色		√	
	（二）课程目标体现本校的育人目标	√		
课程内容	（一）有特色		√	
	（二）有效性	√		
	（三）有重点		√	
	（四）有趣味	√		
	（五）适合学	√		
	（六）现实性	√		
	（七）实用性	√		
课程实施方案	（一）课程实施方案整体框架	√		
	（二）课程实施方案中能体现资源整合、多方合作		√	
	（三）课程实施方案能体现学生的参与和实践	√		
	（四）课程实施方案达成课程目标的可行性	√		
教材设计	（一）主题	√		
	（二）部分	√		
	（三）图画	√		
	（四）组织		√	
	（五）书写和语法	√		

完成了这一课程的设计开发方案评价表后,我的心凉了半截,是啊,美好的愿望要把它落实可不是件容易的事。静下心来思考后,我对自己的课程设计存在的问题作了

分析：

1. 从课程目标来看，课程目标是一门课的灵魂。卡通故事会这门课的课程目标的制定应当与学校的文化相吻合，与本校学生的发展目标相一致，较好地体现满足和发展学生的兴趣，提供学生表现、表达兴趣的机会，是积极向上的。但细细想来，这门课程和学校的办学特色的关系并不是那么密切。

2. 从课程内容来看，卡通故事是大家喜闻乐见的一种形式，满足和发展学生的兴趣，能提供学生表现、表达兴趣的机会。不过，我的设计中，在体现课程的特色内容方面做得不够明显，也许别的学校也有相类似的课程，只是课程名称不同罢了，那么我的课程特色到底体现在什么地方呢？也正是由于这个问题，导致了作为课程"血肉"的课程内容虽然在"有效性"、"有趣味"、"适合学"、"现实性"、"实用性"这五个评价指标上达到"优良"，但在"有特色"和"有重点"这两项上只能说是"一般"。

3. 从课程实施方案来看，卡通故事会是一门新颖的、贴合学生实际的课程。随着现代信息化时代的发展，学生方方面面的知识并不比老师逊色多少，尤其是这种学生经常接触并十分喜爱的卡通故事、卡通形象。想要在课堂上对学生有说服力，不是光依靠老师课堂上的一言堂就可以解决的，而应该充分调动信息化的设备，同时也不能矫枉过正，偏离课程主旨，变成卡通欣赏课。所以，在"体现资源整合、多方合作"上要好好动一番脑筋。

4. 从教材设计上看，卡通动画一般都具有很强的形象性、故事性，且画面明朗、线条清楚、色彩鲜艳、细节具体、画意明确，与学生的学习生活、家庭生活、社会生活有着密切的联系。不过，正是由于卡通形象古今中外老少通吃，要把它们进行归类和细分并不是很容易的事，这要根据学生每一阶段的分级目标来进行，因此初期我的考虑在这方面并不是很周全，在"组织"这一条上只能打"一般"。

三、改进与提升

刚刚设计好的课程被我这么一评估，泼了一盆冷水，原来自己的课程设计首先在目标的设定上就缺乏和学校特色相关联的内容，又怎么称得上是"校本课程"呢？我冷静下来好好思考和琢磨了一番，卡通故事在内容上的确比较散，题材古今中外都有，但有一个共同点,那就是都是孩子们喜闻乐见的。由此我想到,既要满足内容的统一,形式又要丰富,还要符合学校特色,那就非我们黄浦区卢湾二中心小学群星大队的吉祥物"淘淘"、"丫丫"莫属了,这不是很好的校园文化吗?有了这两个卡通人物带领大家进入卡通故事会,串联起一个个卡通故事,把设计的课程串联成一个整体,这样学校的课程不但"更儿童"了,也更整体了。就这样,我给了自己"改进意见",及时调整和修改了课程目标和课程内容,让卡通故事会成为了一门更好的课程:

1. 在课程内容中,始终把黄浦区卢湾二中心小学群星大队的吉祥物"淘淘"、"丫丫"的卡通形象作为引导的主持人,通过它们把课程内容串联起来。我又反复对照了《卢湾二中心小学课程设计与开发量规》,针对卡通故事会在内容设计上和传统的看图说话有什么区别这个问题,在课程内容"有重点"这一块上进行了落实。由于有了内容的改动,在课程实施方案和教材设计上也作出了相应的改变,给校本课程注入了新鲜的活力。

2. 在课程实施中寻找多种途径进行课程的开发,比如可以定期订阅与卡通有关的报纸杂志吸取最新的信息,通过专门的网站对卡通故事的动态有及时的了解……这些也不一定都需要老师一个人完成,可以让学生轮流学习了解后在课堂上和同学们进行分享。还可以充分挖掘区内相关课程的老师和家长志愿者的资源,可以每学期变换上课形式等等。

3. 在教材设计中,既要考虑到学生认知水平阶段由浅入深,又要按照卡通本身的内涵特点进行分类,在一节课中也可以设计几个不同的小单元,让教材既有整体统一感又富有变化。

通过这次对照和修改,我深深地感受到,一门合格的课程的开发和形成,需要不断发挥《课程设计与开发量规》的切实作用,科学发挥它的前瞻性功能,进行多次研发,最终才能呈现给学生最优化的课程。

(案例撰写:谭健)

案例 3-4

依据量规　改善课堂

一、背景与意义

由于长辈的包办,更因为孩子自由时间的极度匮乏,当代的孩子"四体不勤,五谷不分"。而掌握基本的生活自理能力、具备良好的自律意识,应该是逐步培养形成的行为习惯,更是成为一个能幸福生活的完整的社会人的基础。为了搭建这个转变的平台,严老师结合个人的业余爱好,设计开发了智慧小课堂的课程,旨在让学生了解烘焙小常识,激发学生自己动手制作喜欢的甜品的兴趣,培养学生打理生活的基本能力。

二、评估与聚焦

在课程设计中,以《卢湾二中心小学课程设计开发量规》为依据,将重点聚焦于课程的参与性和适切性,围绕这一切入口开展下列评估。

1. 该课程的设计理念是否符合我校的办学宗旨?
2. 该课程的教学内容是否符合目标学生的年龄特点和学习兴趣?
3. 该课程的实施过程是否能提升学生的目标能力?

带着这样的评估思路,重审智慧小课堂的课程设计,我发现有三个值得慎重对待的地方。

1. 参与性

按照量规对"优良"这一等第的描述,要求在大量的课程资源中,课程内容的选择是具有代表性的重点内容,所涉及的知识与能力着眼于学生的未来发展。

智慧小课堂这门课程的课程资源极其丰富,呈现的作品虽然精美,但并不是每个内容都适合孩子共同参与、协作完成。学会取舍,才能更好地在课堂中培养学生在团队合作中完成任务的能力。

2. 实用性

量规中对"实用"这一评价项目"优良"等第的描述是:课程内容的选择有前瞻性

和超前性，有助于学生解决目前的问题和未来的问题，能引发学生进行真正的思考。

按照智慧小课堂课程的目标人群来看，主要针对小学高年级学生。他们虽然有了较强的动手能力与自我意识，但还是属于被监护人群。他们对于一些比较简单的、安全系数较高的操作过程能独立完成，不易发生各种伤害事故。因此，通过对课程内容进行进一步的甄选，摒弃不适于孩子动手操作的项目，变观摩为实践，让学生体验在操作中发现问题并尝试解决问题，将理论知识应用于课堂实践，甚至为了产生的问题去寻找答案而产生自主学习的动力。

3. 时效性

按照智慧小课堂课程的实施时间来看，看似一个小时很长，但对于需要一个完整的制作前、中、后的流程的课程内容来说，时间还是紧迫的。因此，课程内容的选择变得极其重要，操作过程中缺失其中的任何一步，要么作品不尽如人意，要么学生等得心急火燎。在课程的推进过程中，通过对孩子的观察与了解，渐渐形成了短小精悍的与时间赛跑的课程内容。

三、改进与提升

从最初的匆匆出炉，到逐步完善，智慧小课堂的内容的设置经历了一个不断调整与改进的过程。

在课程内容的设置上，摒弃了大量不适合学生共同参与的项目，沿用并增加了不少学生乐于参与且易于合作完成的内容。

在课程实施的难度规划中，放弃了一些与学生的年龄特点不相符的内容，添加了利于学生产生学习兴趣并且他们有能力动手完成的制作项目。

在课程中增加了分享这一环节，既是对课程内容的回顾，又是团队协作的交流，在课程实施过程中起到画龙点睛的作用。

比照《卢湾二中心小学课程设计开发量规》，不断探索与思考，智慧小课堂的课程内容正在不断更新完善，该课程也会越来越被学生接受，成为学生成长道路上的好助手。

（案例撰写：严曼莉）

案例 3-5

监督激励　保驾护航

一、背景与意义

九年前,刚踏进二中心的校门就被告知,除了日常的教学之外,还需要开发一门走班课程。接到这个任务,第一反应是"懵了"。"课程"不就是"教材"吗,教材不是只有专家才可以编写吗?"走班课程"又是什么?是不是类似于大学里面的选修课?跟学校下发的教材有什么区别?彼时我不仅对这些问题都不了解,而且对于让小学教师开发课程这件事充满了怀疑和不自信。不懂就学,好在有市、区、校各级教师课程培训,学校还有完整的课程管理组织体系为教师开发校本课程保驾护航。认真查阅资料、积极参加培训、虚心请教同事,终于明白了"走班课"的概念,原来我校走班课的实质是拓展型课程,所谓的"走班"其实指的是上课的形式——每周五下午小朋友们流动到各个教室,参加自己在学年初根据兴趣选择的课程。

我进校时,学校的走班课已经进入实施阶段一年有余了。进校后,在校课程培训活动中,学校聘请专家引领课程编写和实施工作,组织教师展示、分享优秀的校本课程案例,让我对如何编写走班课程又有了更加明晰、直观的认识。随后,我结合自己感兴趣的内容,决定以"平安自护"为主题设计我的走班课程。

二、评估与聚焦

在查阅了市面上已有的与学生安全教育相关的一些书籍和活动方案等资源后,我结合学校提供的《课程设计与开发量规》,着手编写了平安小天使课程的初稿。按学校规定,初稿完成后并不能立刻投入使用,还需要由学校的课程文本审核部对教材进行审核和评价,认证通过后才能进入课程实施阶段。

课程文本审核部的老师和专家依据《卢湾二中心小学课程设计与开发量规》,从课程目标、课程内容、课程实施方案和教材设计四个维度对平安小天使课程的初稿进行了综合评价。评价结果如下表所示：

表3-5 平安小天使课程设计开发方案评价表

评价项目		等第		
		优良	一般	不合格
课程目标	（一）课程目标体现学校的办学特色	√		
	（二）课程目标体现本校的育人目标	√		
课程内容	（一）有特色	√		
	（二）有效性	√		
	（三）有重点		√	
	（四）有趣味		√	
	（五）适合学	√		
	（六）现实性		√	
	（七）实用性	√		
课程实施方案	（一）课程实施方案整体框架	√		
	（二）课程实施方案中能体现资源整合、多方合作		√	
	（三）课程实施方案能体现学生的参与和实践		√	
	（四）课程实施方案达成课程目标的可行性		√	
教材设计	（一）主题	√		
	（二）部分		√	
	（三）图画			√
	（四）组织		√	
	（五）书写和语法	√		

结合评价结果，课程文本审核部针对平安小天使的文本相关问题提出了以下几点

意见：

1. 对文本的版块设置进行调整，将与学生自身联系最紧密的"校园生活"部分放在第一个版块，课程从他们的身边事开始，因为针对熟悉的主题，他们更有话可说，这样有助于调动起学生的学习兴趣。将"自然灾害"部分调整到最后一个版块。主题名称也建议稍作修改，如"火灾"、"警惕毒病菌"等显得过分生硬和成人化，若改成"着火了"和"班里流行传染病"之类则更具有情境感。

2. 对文本的表现形式进行调整，初稿中文字偏多，不仅不利于学生阅读，大段的文字还可能让学生对课程丧失兴趣。对于三年级的小学生而言，具象的实物和具体的图片可能更能调动起他们的感官和思维，建议增加一些图片，删减一些文字，增强文本的美观度、趣味性和可读性。

3. 对文本的内容设置进行调整，安全问题不可能面面俱到，要有所取舍。建议对学生和家长关心的安全选题进行调查，并结合近期舆论普遍关注的与学生安全相关的社会事件，挑选一些大家最关心的主题进行课程开发，突出体现课程的生活性和时代性；"楼道守纪勿打闹"和"如何避免操场隐患"两个主题内容有所重复，建议合并。

三、改进与提升

结合课程文本审核部给出的意见，我对平安小天使的初稿进行了重新审视，在与文本审核部的相关老师多次沟通后对课程文本做了反复调整，具体如下：

1. 通过问卷、面谈等方式收集发生在学生身边的和家长关心的学生安全问题，将课程主题进一步集中化，增加了与城市学生生活紧密相关的主题，如"电梯危机"、"危险的宠物"和"开车出游"；结合新闻时事，增加了"校园防暴"和"抓小偷"主题，并将我校针对校园防暴的具体举措纳入到课程中；删减了"网络的利弊"、"安全用电"、"独自在家"、"遭遇危险时"等主题。

2. 将主题名称"火灾"改为"着火了"，"海啸"改为"水漫金山"，"地震"改为"地动山摇"，"台风"改为"大风吹"，"毒病菌"改为"班里流行传染病"，使主题语言更儿童化、情境化。

3. 在文本中大量删减专业性过强的知识解读文字，增设了大量的图片。每一个主题下都设计了"听故事"、"天使来支招"和"我们去体验"三个模块,通过生动有趣的故事和案例引入主题,接着告诉孩子化解险境的招数,最后通过各种类型的体验活动帮助学生检验和巩固所学;整体上增强了文本的趣味性和活动性。

最终平安小天使课程的修改稿获得了绿色通行证,被准许进入课堂实施。这张通行证对我来说意义非凡,它不仅让我知道了原来一线教师也能编写教材,极大地增强了我的自信心,还让我感受到了团队的力量。滴水不成海,独木不成林,在教材文本的反复校验修改过程中,如果没有课程文本审核部的专家和老师们的帮助,这本课程不会编写成册,更不会进入课堂,成为孩子们的学习媒介。

(案例撰写:张晟瑜)

第四章　课程实施与发展的分级评估

"课程实施与发展"意在强调课程实施之后还要发展,要更好地发展。因此,课程开发者不仅要关注课程文本在"课程实施现场"的效果怎么样,还要关注、甚至更要关注它们在实施以后又被发展得怎么样。这个"发展",从表面上看,是课程本身的不断发展与优化,其实归根结底,还是聚焦学生的"内在生长"。与此同时,教师的课程素养也在"评估实践脉络"中得以提升。

我们认为,课程实施与发展是课程建设的关键环节,研究课程实施的问题不仅要研究课程方案的落实程度,还要研究评估教师在执行一门具体课程的过程中,是否按照实际情况对课程进行了调适与发展。也就是说,课程计划是可以而且应该不断调整和改变的,判断课程实施的成败也不应以对原有计划的执行程度为标准,而应关注执行过程中教师在特定的情境下对课程计划的调适、改造和再创造。课程实施有必要因学校教育、学生实际、年段特点等情境而加以弹性调整。事实上,所有的课程方案在实施过程中都必须经过教师的修正调整才能适用于特定而变化的课堂情境,才能使学生学习获得最大的效能。

但实践中教师课程实施的水平究竟如何？学校作为管理者对此该怎么评估？目前学术界在此方面的研究是较为薄弱的,主要表现在：学者的理论研究因重理念且只提出少数几种分析框架而显得薄弱,对教师来说可操作性不强；学校教师的实践研究因缺乏理论指导且多集中在评价教师教学水平的领域而显得较为零散,评价的科学性有待验证。为了有效地推进课程改革,充分发挥学校的课程领导力,学校迫切需要研制出一套既科学又接地气、好操作的评估工具。

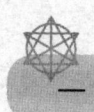

一 聚焦内在生长的课程实施与发展评估理念

（一）制定依据

近几年来，学校课程领导实验室带领全校教师在认真学习教育部《基础教育课程改革纲要（试行）》（教基〔2001〕17 号）和《上海市普通中小学课程方案》等文件的基础上，借鉴上海市教育科学研究院夏雪梅博士提出的"L-CRB 课程实施的分析框架"，结合我校的实际情况，制定了《卢湾二中心小学教师课程实施水平的分级评估量规》，力求实现：运用现代教育评价理论和方法，以面向全体学生、促进学生全面发展为目标，以课程实施的两个关键词——"教材"和"教学"为切入点，全面而科学地评价我校教师的课程实施状况。

（二）评估原则

1. 导向性原则

评价就是指挥棒。因此，在学校的课程管理中，我们在对教师课程实施水平的评价过程中将导向作用放在重要位置，旨在通过评价加强学校课程管理，提高学校课程实施水平。具体来说，就是通过制定一套符合学校实情、能促进教师提高课程教学力的评估工具，并通过将评价结果在学校范围内公布、用于我校对教师课程教学工作的考核等手段，实现"以评促学、以评促教、以评促改、以评促管"的目的。

2. 科学性原则

课程实施水平的评估要符合国家法律法规和教育行政部门的有关规定要求，体现先进的课程理念，遵循教育教学的基本规律。我们在确立评价维度与指标时，除了充分利用教师们的经验与智慧外，还查阅了有关课程实施程度内容的专业书籍和中国知网、读秀等学术网站上的期刊论文，最终决定借鉴上海市教育科学研究院夏雪梅博士的"L-CRB 课程实施的分析框架"的有关思想，因"校"制宜，在反复论证和修改之后制定出有我们二中心学校特色的评价内容，既体现客观真实和简单好用，又避免主观随意和"水土不服"。

3. 可操作性原则

为了让课程实施水平评估工具能更好地在二中心这片土壤里落地生根、开花结果,我们对评价维度和指标、评价信息的采集等内容做了较为具体的规定,并在定性评价的基础上充分发挥定量评价的优势,增强评价的可操作性。只有这样,才有利于我校课程实施水平评价方案在全校范围内的普及运用。

4. 评估对象的界定

课程实施水平评估是课程评价领域的重要组成部分,不仅有区域层面的评估,还有学校层面的评估和教师层面的评估;不仅有对教师的评估,还有对学生的评估和对课程本身的评估等内容;不仅有对教师课程实施的行为评估,还有对"教师对课程实施反思"的评估和对"教师实施后学生变化的评估"[1]。为了行文的方便和本书中各个章节间内容的不重复,本章中课程实施的评估特指对教师层面的课程实施行为的评估。

(三) 评估项目

学校课程领导实验室站在教师的角度,以教师生活中的两个高频词——"教材"和"教学"为抓手,从"教材开发"和"教学发展"两个维度对教师课程实施情况进行观测与评估,制定了《卢湾二中心小学教师课程实施水平的分级评估量规》。

1. 创造性地使用教材及其效果

在我校,课程领导实验室赋予了教师在课程实施过程中更多的自主权,给予教师很多的弹性与自由发挥的空间,允许甚至鼓励个别教师在自己的课堂情境中因实际情况而修改课程内容。也就是说,学校倡导教师通过采用"增删改优"的课程策略来创造性地使用教材。只有这样,才能使课程变得更丰富、更合理、更完善、更精致,才能满足学生的兴趣和需求,更好培养学生的学力和能力。

具体来说,"增",即增加课程的广度和深度,将学生眼中的"兴趣点"和紧跟时代脉搏的"热点"纳入课程,激发学生的求知欲。"删",即将课程文本中的那些不合理的、陈旧繁复的及枯燥乏味脱离学生生活的课程内容进行删除。"改",即充分利用学生的

---

[1] 夏雪梅、沈学珺. 中小学教师课程实施的程度检测与干预. 教育发展研究, 2012(8).

"最近发展区"对课程内容进行改进和改善,让课程不断完善。"优",即通过"优化",使课程结构框架、课程资源及课程实施策略等得到全面改进与完善,变得更为精致有效。

需要指出的是,对于"增删改优",我校不仅有对其"量"的激励,还有对其"质"的考察,即对其使用效果要不断监控。

2. 教学发展中的教师智慧

在实施开展课程教学过程中,学校通过对教师"教学态度、提问技巧、关注学生、课堂氛围、预设生成、课堂反思"等六项指标的评估,促使教师把握课程实施的核心内容和关键要素,对教师课程领导力的提升起到了决定性的促进作用。

(1)"教学态度"是检测教师执行课程成败的第一要素。教师对于课程方案是否做到心里有谱,教学过程是否思路清晰、重点突出、认真高效,教学对象是否面向全体学生并关注学力弱势学生的提高与发展等,这些都会直接影响学生对课程学习的兴趣及课程学习的效果。

(2)"提问技巧"的评估则是为了促进教师在实践课程中不断提升设计有效提问的能力,它能反映一位教师课程专业力的水平高低。教师在设计问题时应充分考虑是否能够体现课程目标。课程目标就像一堂课的灵魂,因此教师设计的问题应该紧紧围绕课程目标、课程重难点。在提问之前教师必须对所提问题做到有的放矢,切忌随意离开课程目标,节外生枝地提出一些又偏又怪的问题,更不应该突然冒出一个与课程内容风马牛不相及的难题,去扰乱教学的和谐节奏。另外,教师还需注意提问是否有层次性,应该抓住学生的"最近发展区",充分启发他们的思维,所提问题应该比学生实际水平略高一些,这样学生的能力才能得到提高,思维才能得到发展。

(3)"关注学生"是所有课程评价的灵魂,也是一切课程评价的出发点和落脚点。本着"以人为本"的教学思想,需要教师能科学遵循课程特点,通过学习策略的指导,关注学生的学习经历,发展学生的多元智能,从而提高教师课程的指导力。学生在学习中有了足够的练习时间与空间,就能浸润其中,主动学习,愉悦地享受体验课程学习的快乐。

(4)"课堂氛围"的观测,能提供评价教师课程教学效果的依据。它是教师对教学进行重新规划的基础,能促使教师不断改进课程教学策略和方法。教师通过检视自身教育教学行为,提高课程反思力,最终达到提升优化课程品质的目的。

(5)"预设生成"是构建和谐课程的基础。课程因预设而有效,因生成而精彩。教师要有充分的预见力,精心地准备预设内容,才能在驾驭课程时胸有成竹,游刃有余,才能将学生突然生成的问题情境巧妙地诱导解决,使之成为课程教学的亮点。"教学机智"考察的是教师面临复杂教学情况所表现的一种敏感、迅速、准确的判断能力,尽管是瞬间的判断和迅速的决定,但处理得好的话可能会成为课堂上最精彩的"点睛之笔"。

(6)"课程反思"的评价很好地体现出学校培养智慧型教师的目的。学校教师要时刻注意"实然课程"与"应然课程"之间的差距并分析其原因,对实然课程进行选择、批判、再创造,并制定有利于自己实施课程的改进措施,为下个阶段的课程实施做好充分准备。在此过程中,培养了教师课程主导的反思力。

我校在教师的层面上,选取了教师的"教材使用"和"教学开展"这两方面,通过对教师"创造使用教材及其使用效果"、"教学态度"、"提问技巧"、"关注学生"、"课堂氛围"、"预设生成"和"教学反思"等八项指标的具体评估,对教师的课程实施水平进行观测与评估,以便促进教师的专业发展和教学效益的提高。

表4-1 教师课程实施与发展的分级评估量规

评价维度	观测点 评价指标	评价标准及其得分			
		4	3	2	1
1. 教材使用	(1)创造性使用	根据学校现有资源,结合学生学情,创造性地使用教材:对教材内容进行恰当而有效的增加、删减、改换及加工、优化。	根据学校现有资源,结合学生学情,对教材内容进行一些创造性的处理:对教材内容进行一定的增加、删减、改换及加工、优化。	根据学校现有资源,结合学生学情,对教材中的个别内容进行创造性的处理:增加、删减、改换及加工、优化。	不能根据学校现有资源,结合学生学情,对教材内容进行创造性的处理。
	(2)使用效果	创造性处理教材的效果很好。	创造性处理教材的效果较好。	创造性处理教材的效果一般。	创造性处理教材的效果欠佳。

续表

观测点		评价标准及其得分			
评价维度	评价指标	4	3	2	1
2. 教学开展	(1) 教学态度	课程方案心里有谱,教学过程思路清晰、重点突出、解决难点,能面向全体学生并关注学习困难学生的提高与发展。	课程方案心里有谱,教学过程思路比较清晰,能突出重点、解决难点,能面向全体学生。	课程方案心里有谱,教学过程中有小地方思路不清,能突出重点但没解决难点,完全不关注学习困难学生。	课程方案纸上谈兵,教学过程思路不清,不能突出重点,只关注优等生。
	(2) 提问技巧	提问能紧扣课程目标,联系课程重难点,指向明确清晰,还能多维度、多层次地进行提问。	提问能紧扣课程目标,联系课程重难点,指向明确清晰。	提问能紧扣课程目标,联系课程重难点,但指向还不够明确清晰。	提问偏、怪,甚至与课程内容完全不相干,扰乱正常教学的和谐节奏。
	(3) 关注学生	科学遵循课程特点,重视学习策略指导,非常关注学生学习经历,全体学生愉悦地享受体验课程学习过程。	遵循课程特点,比较重视学习策略指导,较为关注学生学习经历,大部分学生享受体验课程学习过程。	根据课程特点,有学习策略指导但不突出,没有充分关注学生的学习过程。	没有学习策略指导,没有意识到要关注学生的学习过程。
	(4) 课堂氛围	课堂气氛活跃、师生互动积极,探究气氛浓郁,学生表现出了很高的学习兴趣,参与度高。	课堂气氛比较活跃,师生有一定互动,能够共同对一些问题进行探究,基本没有学生做其他事情。	课堂教学气氛有些沉闷,师生互动少,部分学生做其他事情,学生基本没有积极地探究。	课堂沉闷,没有师生互动,没有探究,半数以上学生不能集中精力听课。

续表

评价维度	观测点 评价指标	评价标准及其得分 4	3	2	1
	(5) 预设生成	预设十分充分,驾驭课程胸有成竹,巧妙诱导解决生成问题,使之成为课程教学的亮点,教学机智很好。	预设比较充分,能诱导解决生成问题,顺利完成课程教学任务,教学机智较好。	有预设,但对于生成问题不能及时应对与解决,按计划完成课程教学任务,教学机智一般。	预设不充分,对课堂突发的生成问题束手无策,错误应对,阻碍课程教学任务完成,教学机智较差。
	(6) 课程反思	课后能反思"实然课程"与"应然课程"之间的差距并分析其原因,对实然课程进行选择、批判、再创造,制定有利于自己实施课程的改进措施,也为下个阶段的课程实施做好充分的准备。	课后能反思"实然课程"与"应然课程"之间的差距并分析其原因,对实然课程进行选择、批判、再创造,制定一些实施课程的改进措施,为下个阶段的课程实施做好准备。	课后能注意到"实然课程"与"应然课程"之间的差距并分析原因,并制定一些实施课程的改进措施。	不能反思"实然课程"与"应然课程"之间的差距,没有实施课程的改进措施。

评分解释:得分达到或超过30分的为"课程实施优秀";得分超过24分、不满30分(不含24分和30分)为"课程实施良好";得分在20—24分的(包括20分和24分)为"课程实施合格";得分低于20分的为"课程实施不合格"。

二 关注完整过程的课程实施与发展评估框架

(一) 指标体系

本量规包含两级评价指标:一级指标是"教材使用"和"教学发展"等两个评价维

度,二级指标是八个具体的评价指标。评价结果分四个等级呈现,赋分从 1 分到 4 分不等,必要时写出评语。

(二) 信息采集

1. 听取教师的课程实施情况汇报。

2. 查阅与教师实施有关的业务档案(如:学习记录、教案、教学反思与教学札记、教研论文、著作和研究报告,公开课、优质课,参与或主持的科研课题的证书等)、学生成长档案、作业和成绩册等资料。

3. 随堂听课或观摩学生的自主学习、合作学习与研究性学习现场等。

4. 对教师和学生、家长进行问卷调查和访谈、座谈。

(三) 适用范围

本量规适用基础型课程、拓展型课程和探究型课程等三种课程类型,其中拓展型课程和探究型课程等两种课程更关注"教材使用"的评价维度。

(四) 结果处理

课程实施水平评价为学期性常规评价,每学期按计划进行,评价结果按"课程实施不合格"、"课程实施合格"、"课程实施良好"和"课程实施优秀"四类向学校教师公布。被评估为"不合格"的教师,对其进行帮助指导;对于被评估为"优秀"的教师,给予一定的奖励,并在学校范围内交流、推广好的经验做法,向兄弟学校辐射。

(五) 组织实施

本评估原则上每学期进行一轮,由学校领导实验室、科研处和教导处、教研组三级课程管理部门依据本量规分三级组织实施,兼顾教师的"自评"和家长的"他评"。学校课程领导实验室每学期都要按各部门的评估范围对该工作进行规划、部署和总结,并形成学期评估报告向校长室备案。

三 促进真实提升的课程实施与发展评估现场

无论是基础性课程还是探究性课程和拓展型课程,我校教师都在课程实施与发展的过程中,不断对照《课程实施水平分级评估量规》进行反思,从而不断提高课程实施与发展的水平,促进课程的不断发展与优化,实现学生和自我的不断进步。

案例 4-1

为了"更儿童"的课程

一、背景与意义

2008年暑假,学校课程领导实验室给新入职的杨老师一个任务:借鉴面向我校四五年级学生开设的校本课程头脑风暴的相关材料,结合一、二年级学生的身心特点,自主开发一门全新的校本课程——头脑风暴(初级)。这门课持续一学年,采用学生走班的形式,每周一小时。它旨在通过头脑风暴等方法对学生进行初步的思维训练,通过一系列的课程开发他们的创造力,培养他们的创新能力和创新思维,使其逐渐学会倾听和团队合作,并在课堂上体现出敢于独创、不甘落后、遵守规则和重在参与的头奥精神。

于是,杨老师在这个假期里多方查找相关文献并认真学习,潜心思考,对这门课程开始进行建设:确立课程目标,搭建课程框架,选择课程内容,思考教学策略,撰写教学设计。在以后几轮的课程实施过程中,杨老师发现这门课很受学生和家长的欢迎,课堂气氛也特别活跃。但日益凸显的学生分组、教师干预时机等问题却成了影响课堂教学效果的瓶颈,让杨老师困惑不已,因此向课程领导实验室求助。

二、评估与聚焦

课程领导实验室的课程教学评估部通过检查备课与反思记录、随堂听课、找学生座谈等方式,发现这门课亮点很多,学生和家长对其的评价也比较高,但在操作层面的确存在不少需要完善和改进的地方。依据《卢湾二中心小学教师课程实施水平的分级评估量规》,我们对这门课程进行了评估,其得分是24分,被评为"课程实施合格"。具体结果如下：

表4-2 头脑风暴(初级)第一次运用课程实施与发展的分级评估量规的情况表

观测点		评价得分			
评价维度	评价指标	4	3	2	1
1. 教材使用	(1) 创造性使用		√		
	(2) 使用效果			√	
2. 教学开展	(1) 教学态度		√		
	(2) 提问技巧			√	
	(3) 关注学生			√	
	(4) 课堂氛围			√	
	(5) 预设生成	√			
	(6) 课程反思	√			

于是，我们课程教学评估部和杨老师一起，将这门课在课程实施过程中发现的问题梳理了一下：

1. 课程内容不够精致和优化，在科学性、系统性、适切性、趣味性等方面需要进一步优化和完善。具体表现在：现有的课程框架看似系统，实则各板块间的逻辑性不明显；同一主题的不同课时之间，也因为设计不够细化而在实施时缺乏一定的梯度；教材中有些内容不太适合识字量少、不擅长计算的低年级学生，且不同主题的课程内容数量不均，质量也参差不齐。

2. 教学技术层面的一些困惑，影响了课程实施的效果和效率。例如：对于一些较简单的题目，学生发言很积极，但内容较为雷同，此时教师该如何引导才能拓宽学生的思路？对于一些复杂的题目，学生不知从何答起，此时老师又该如何帮学生打开思路，同时又尽量减少这种引导对他们发散思维的影响？针对学生各式各样、看似与答案无关的发言，教师该如何点拨、指导与提升？课堂上参与度高的、成就感强的总是少数几个思维活跃的同学，老师该如何调动其他同学的积极性，扩大他们的课堂收获？一、二年级学生虽然只差一岁，但在知识储备、思维能力、倾听与表达能力、合作能力、动手能力等方面有着很大差异,如何在教学时尽量克服这个问题,确保他们都获得相似程度的进步? 对于班上来自十几个班级的二十几个小朋友,如何分组才能确保各小组成员能力相当且合作顺畅……

三、改进与提升

问题明确了,接下来就各个击破,力求实现这门课的全面优化和课程目标的进一步达成。我们课程教学评估部建议杨老师从以下几个方面进行深入研究:

1. 改变课程定位,从"课程"走向"课程活动"。作为一门授课对象是小学一、二年级孩子的选修课程,建议从教材、教学形式和评价标准等方面对原有的课程进行调整,将其由一门普通意义上的"课程"变为一门"更儿童"的课程、一种更注重参与和体验的"活动"。因为这种新的定位能有助于提高头脑风暴课程的趣味性和学生的参与度,实现其独特的课程目标。

2. 重构课程框架,调整课程内容。建议教师对这门课程进行设计与精细化实施的研究,重构一个更为成熟和完善的课程框架,使各版块更加清晰;同时,使不同主题之间的内容更有逻辑,使同一主题之间的内容更有梯度。无论是四个不同单元的安排,还是各单元中不同课时的排序,都尽量遵循由易到难、由浅入深、由具体到抽象的原则对其进行设置,提高课程框架本身的科学性和系统性;框架搭建以后,建议给各单元和各课时取一些较为通俗、活泼的名字,使其更符合一、二年级学生的身心特点。此外,建议杨老师拓展课程资源,使课程内容涉及到除语文和数学外的音乐、美术、自然、历史、书法、体育、探究、手工等多个学科;同时,建议运用"增删改"等策略调整各主题的课程内容,使之更科学、系统和适切;最后,依据低年级学生的身心特点,包装课程内容的呈现形式,使之更简洁、活泼、有趣。

3. 精细课程实施,击破技术难题。首先,帮助杨老师提出一种与新教材相匹配的、在课堂上易操作的教学模式:观察、想象联想、创造和动手做,每两个步骤间穿插若干个活动。在此基础上,深入思考不同步骤间安排的活动内容和持续时间的长短。其次,针对课堂教学中可能出现的学生发言、分组、教师激励等问题,帮助杨老师摸索出一些行之有效的应对策略与技术,不断提高课堂教学的效率。与此同时,针对课堂上学生发言质量参差不齐、学生参与热情差别很大、如何分组更有利于形成各方合力、如何恰当地评价和激励学生的创新思维和团队精神等课程实施中出现的一些新问题,也帮助杨老师积极开动脑筋,做出许多有价值的尝试。

(1)关于教师干预。在课堂上,学生在面对一些难度较低,或者与其日常生活联系较为密切的题目时,发言相当积极。如果不让他们表达一下自己的意见,会影响他们的积极性;如果全让他们都说一遍,就会发现他们的发言内容较为雷同,且要花费许多宝贵的教学时间。这时,杨老师就扮演管理者的角色,一旦发现有发言同质化的现象,马上暂停他们的发言,并且明确告知孩子们接下来的发言要开动脑筋,尽量说一些别人没说过、没想过的答案,并采取加星、口头表扬等一定的激励措施。当孩子们能按照老师的期望说出一些与众不同、很有创新性的答案时,杨老师就扮演倾听者的角色,认真倾听孩子们的发言,及时表扬他们的精彩发言和动脑筋的行为,同时鼓励其他孩子向这些孩子学习。当发现孩子们无论如何都想不到一些比较新颖的答案时,杨老师就扮演引导者的角色,鼓励所有的孩子都胆子大一点、自信一点,同时给予他们一定的点拨、启发和提示,帮助他们拓宽思路、降低难度;同时对那些有发言但质量不高的孩子也要及时表扬,因为他们有动脑筋的行为和发表自己意见的勇气。当然,当课堂上真的出现"冷场"时,杨老师就鼓励学生小组合作,发挥集体的力量来解决难题。当发现孩子们的答案似乎有些不合常理甚至荒诞时,只要符合题目要求,杨老师就表扬,甚至要夸张一点地表扬其答案和创新精神,充分发挥老师的引导者作用。即使这个回答不符合题目要求,但只要有创新精神,杨老师同样会鼓励其与众不同的思维和敢于表达的勇气。

(2)关于团队合作。在班级教学时,杨老师采用了小组合作的座位安排,并且有相当数量的题目都是通过小组讨论的方式来作答。这样做的目的是:在形式上强化学生的团队合作意识,在内容上通过一次次的团队合作活动增强孩子们的团队合作能力,并让他们从中更多地受益。对于比较简单的题目,杨老师让每组选一个代表,各组轮流答题;如没有组员可以回答,则该组就算自动放弃此轮的回答机会;如果学生觉得独立回答有困难,也可以选择小声地与同组成员进行讨论。对于比较难的题目,杨老师让学生在自主思考的基础上,由组长带领组员展开头脑风暴式的讨论,大家各抒己见、集思广益。他们的小脑袋碰一碰,就会碰撞出许多智慧的火花,很有可能会想出更精彩的答案。对于很难或者量很大的题目,杨老师在小组间先开展头脑风暴式的讨论或者大家分工合作,这样就在无形中降低了难度,提高了效率,充分发挥了小组合作这种学习方式的优点。为了鼓励学生多采用这种学习方式,杨老师还采取了许多激励措施。例如,在课堂上没有个人成绩的说法,所在小组的成绩就是各位组员的成绩,而小组成绩则是各位组员在课堂上取得的所有成绩的总和。每节课结束时,星星数量最多的一组就是优胜组,每位组员被奖励一枚"star"章。此外,对于某些需要在纸上作答的题目,如果需要团队合作,答题纸上第一行一定要写上组号和各位组员的名字,因为这张纸汇聚了所有组员的智慧,而老师的评价也是以小组为单位展开的。在开展小组讨论时,为了让大家慢慢学会认真倾听和与人合作,杨老师还对讨论时声音轻、秩序好、效率高、效果好的小组进行表扬,并给予一定分数的奖励。

在此后的日子里,杨老师惊喜地发现学生们对这门课的反馈越来越好,有不少小朋友都是在第二年又重复选修了这门课。我们课程教学评估部依据《卢湾二中心小学教师课程实施水平的分级评估量规》,再次对杨老师这门课程进行评估,得分为 30 分,被评为"课程实施优秀"(详见下表)。

表 4-3 头脑风暴(初级)第二次运用课程实施与发展的分级评估量规的情况表

评价维度	观测点	评价得分			
	评价指标	4	3	2	1
1. 教材使用	(1) 创造性使用	√			
	(2) 使用效果		√		
2. 教学开展	(1) 教学态度		√		
	(2) 提问技巧		√		
	(3) 关注学生		√		
	(4) 课堂氛围			√	
	(5) 预设生成		√		
	(6) 课程反思		√		

反思过去几年我们课程教学评估部对头脑风暴（初级）这门课在实施过程中的一次次指导，我们深深地感受到，在对这门课程进行开发、实施和不断优化的过程中，不仅教师自己的课程设计能力和课程执行力在无形中得到了提高，反思能力、科研能力和课堂驾驭能力也得到不同程度的提升，更为重要的是，我们的教学对象——学生——在参与这些活动后，收获更大。而学生的这份收获与成长，正是我们最看重的。课改无止境，反思常进行，努力努力再努力！

（案例撰写：杨学敬）

案例4-2

精细小记者课程，优化更儿童体验

一、背景与意义

2008年，我自主开发的新闻小记者课程进入学校的创新实践课程菜单，供学生进行选修。这是一门面向小学高年级学生的校本拓展型课程，隶属"二中心小学更儿童的阶梯式课程"之"语言交流智能"的版块。该课程持续一学年，采用学生走班的形式，每周一小时开展教学。

在课程内容方面，它融合《小记者基础知识》《小记者采访和写作》和《未来小记者》等有关内容，引导学生把新闻热点与动笔写作巧妙融合，真正融入到生活的大课堂，关心自己身边的新鲜事和社会热点问题。在教学目标方面，它旨在引导学生了解新闻的特点和特殊性，熟悉新闻体裁的写作特点，掌握怎样采编新闻等知识，从而培养学生从小练就一双新闻眼，掌握新闻采访的基础知识，了解新闻的基本要素，以及学习进行采访及做好笔记、投稿等活动，让学生在实践中体验和分享语言学习的快乐，同时提高学生的社会活动能力、观察能力、组织写作能力和语言表达能力，开拓学生更广阔的社会实践和交流空间。

二、评估与聚焦

在此几轮课程实施的过程中,我发现学生们在学当一名小记者、小编辑的课程体验中,享受到了自由创作的乐趣,逐渐学会了如何进行观察,在实践和体验中健康地成长。这门课程虽然在受欢迎程度方面做得还可以,但是在课程设计和实施方面还存在一些问题:

1. 课程的理论内容有余,学生的实践体验略显不足。

在不断深入的课程实施过程中,我意识到学校不再是学习活动的唯一场所:学生不仅需要基础的知识、技巧和能力,还渴望在更多学习环境中开拓自我视野,参与到不断发展变化的社会中去。但是,一方面由于校外合适的教学资源匮乏,另一方面在课堂上学习的新闻理论与学生自身感受体验的欠缺,大大影响了教学知识的迁移和充实。因此,我计划将本课堂实施的内容逐步由以教师教授为主转变为以倡导学生体验和操作为重点。

2. 学生个体的差异性,影响课程实施的效果和效率。

新闻小记者课程强调学科知识的整合,让学生将课堂中所学到的知识在实践中进行综合运用,力求做到"提高学生的理解和自我意识,引导学生进行人格化和个性化的学习"。然而事实上选修这门课程的学生来自于不同的班级,他们在学习的兴趣、态度、能力和积极性等方面存在不同程度的差异,在口头表达、实际操作和书面写作等方面的能力也参差不齐,所有这些问题都影响课程实施效果和效率。

与此同时,学校课程领导实验室依据《卢湾二中心小学教师课程实施水平的分级评估量规》,通过检查备课与反思记录、随堂听课、学生问卷等方式,对这门课程进行了评估,它获得24分,被评为"课程实施合格",并被告知课程优化的一些方向指导和具体建议。

表4-4 新闻小记者第一次运用课程实施与发展的分级评估量规的情况表

评价维度	观测点	评价得分			
	评价标准	4	3	2	1
1. 教材使用	(1) 创造性使用		√		
	(2) 使用效果			√	

续表

评价维度	观测点 评价标准	评价得分 4	3	2	1
2. 教材开展	(1) 教学态度		√		
	(2) 提问技巧		√		
	(3) 关注学生		√		
	(4) 课堂氛围		√		
	(5) 预设生成		√		
	(6) 课程反思	√			

三、改进与优化

综合上述两方面原因,我决定对现有的新闻小记者课程进行深入探讨和研究,实现课程目标和课程内容的全面优化。为此,我从以下几个方面入手:

1. 优化课程理念,让学生拥有多元化的学习体验。

将新闻小记者的课程定位作重新调整:内容方面,这是一门涉及语文、社会等诸多人文内容的综合性课程;目标方面,鼓励学生多与社会层面积极对话,不断发现自我潜能,实现自主发展;评价方面,体现针对性、开放性和创新性的原则。具体内容如下:

表4-5 新闻小记者的课程定位表

基本要素	课程	特征
以学生为中心、多元化教学、动态开放的对话、自由和机会	内容	立足于现状和将来,走近新闻基础知识; 弹性的课程,内容综合。
	目标	传授知识,激发情感,培养兴趣。
	环境	探索、遵循学生的好奇心; 提供更多的情景锻炼活动; 培养创造力,合作学习。
	教学关系	教师是引导者和参与者; 学生是学习的主体; 民主的教学、学生交互作用。

续表

基本要素	课程	特征
	评价	激励性、形成性； 个性化、多元化； 鼓励自主、独立的发展。

2. 拓展课程教学，为学生提供多样化的学习经历。

本课程旨在倡导实践性学习和体验性学习，强化活动过程与经验积累，鼓励团队合作学习，致力于培养学生的口头表达、实际操作和书面写作等方面的能力，督促学生养成观察、思维、表达等良好的学习习惯。

(1) 在"情景"中感知

课堂上，我采用情景直观教学，让学生在录音语言中感知"交谈的窍门"。如先请同学们听两段小朋友与陌生人交谈的录音，并以谈话方式引入：你喜欢与哪个小朋友交谈？为什么？学生在交流中慢慢领悟，达成共识：每个人都会有这样的体会，如果遇到你喜欢的人，你就愿意和他交谈，说起来也无拘无束；如果碰到你讨厌的人，你一见他就会退避三舍，话不投机半句多的感觉。这是因为你对"喜欢的人"有好感，对"讨厌的人"没有好感。从而让学生明白：博得采访对象的好感是采访顺利进行的重要因素。

(2) 在"表演"中学法

每次学习，我都设计学生最爱的"我是小主播"版块。它的内容有：一是学会寻找最新新闻模拟播报表演；二是当场对学生给予评价和总结。例如，在上"作为小记者怎样才能在短时间内就赢得采访对象的好感"一课时，我利用创设情境模拟表演教学，并让学生在演一演、说一说和评一评的过程中，归纳出与他人面对面交谈采访的方法。

方法一：要对采访对象表现出特殊的尊重。好衣暖身，好话暖心。如果你采访的对象是一位前辈或长者，你应当充满热情、尊重地称呼他，向他问好，并敬一个队礼，再开始采访。如果你采访的对象是一位获奖的队员，你可以开门见山说："首先祝贺你。我是一名小记者，愿意好好向你学习，今天专门来采访你……"等。要让学生在课堂情景模拟对话中懂得：任何人都喜欢尊重自己的人，你尊重了采访对象，你们之间就能由陌生变为亲切，这样采访就有了基础。

方法二：要努力活跃采访的气氛。气氛活跃的环境里，人们就会感到愉快，自然而然乐于说话；气氛沉闷的情况下，人们就会感到烦恼，就会懒于开口。所以做任何事情都要创设一种特定的气氛，采访也不例外。气氛活跃了，心情愉快了，采访也就容易了，这就是"弹琴要知音，说话要知心"。

方法三：语言可以把人们的心灵点亮，采访的语言需要美化。同样一句话，你用这种说法，会让人觉得生硬；换一种说法，可能会让人觉得亲切。恰如其分地把"你"换成"您"，把"谁"换成"哪一位"……就把生硬变成了柔和，使人听了感到亲切悦耳。接着，我把准备的采访现场录音放给学生听听、评评，让学生将心比心地感受采访语言的魅力。

(3) 在"采访"中体验

理想头顶天，实践脚踏地。学生只有在实践中锤炼，能力才能得到提高。在学习了基本的采访用语后，我给学生创造锻炼的机会：充分利用学校周边的环境，带领学生走出校门，进行实地采访，让他们在真实的情境中锻炼自己，提高自己。

首先，新闻小记者课程荣幸地与黄浦区有线电台结成对子，带孩子们走进一线新闻工作者的天地，在走访的同时，了解新闻采、编、播一体的流程。

接着，我把新闻班学生分为两人一组进行合作采访，以 15 分钟为交流时间，在瑞金二路和复兴中路的路口采访警察、交通协管、商店营业员等任一对象，了解其工作时间、内容、感想等情况，在采访体验活动中提高小记者们的交际能力。

随后，我带领学生在校内、校外多次进行实地采访，仍是两人一组合作行动，但是每次我们都会定专题，让学生在采访体验活动中提高团队合作和社会交际的能力。最近，学生结合"2017 禁止燃放烟花的规定和中国年味"等社会热点问题，进行了一次话题采访并报道，得到了很好的教学效果和社会评价。

(4) 在"分享"中提高

为提高课程质量，我们每次的采访都定时间、定主题，带着明确的训练要求在校内外进行实地采访。采访结束后，组织学生在课堂上交流、分享采访的内容，比一比谁在规定时间内获得的信息多，并用口头语言交流。在聆听后进行评议的过程中，学生逐渐明白：新闻采访就是与他人交谈的过程；只要用自己的真诚、热情、努力，就能采访到许多好的新闻素材和更多一手信息。同时，我根据学生说话的优秀程度，给予恰如其分的评价和细致的指导;并引入生生互评,尽量让学生在交流中分享自我感受的情趣。

3. 优化课程评价标准,提高学生全方位的语言素养。

本课程是语文基础型课程的拓展延伸。它把社会生活与语文教学巧妙融合在一起,将作文表达能力放到生活环境中去培养,使学生能课内学习、课外得到延伸,尽情地享受自由创作的乐趣。我优化、改进了课程评价标准,将评价内容分为"课内学习"、"课后体验"和"采访分享"三大版块,将评价形式由"师评"拓展到"自评、同伴互评和师评相结合",将评价结果分为"优秀"、"良好"、"合格"和"须努力"四个等级。

表4-6 新闻小记者的学生评价表

	内容　　　　　等第	优秀	良好	合格	须努力	总评
课堂学习	课堂上能专心听讲,认真做好笔记,积极发言。					
	课堂上能认真倾听别人的发言,能发表自己的观点,乐于分享。					
	能关注时事新闻,课堂上能与伙伴分享焦点新闻。					
	课堂学习时,善于与伙伴交流,能融入小组合作,完成相关的任务。					
课后作业	能按时、独立完成学习作业,并准时交作业。					
	完成作业态度认真,字迹端正。					
	主题明确,中心突出,内容完整,能有条理地表达,有自己的想法。					
访学	访学前能根据要求,搜集相关资料,为访学做好准备。					
	访学时,能认真听取相关人员的介绍,能提出有针对性的问题,并做好记录。					
	访学后,能将信息进行归纳、整理,认真完成访学任务单。					

课堂内授之以渔,让学生自主发展;课堂外走向生活,让学生得到锻炼。活动中关注进步,让学生获得成长;活动后分享提高,让学生终身受益。如今,这门课程经过八

轮的教学实践的蜕变,已在质与量上有了长足的进步。去年在课程领导实验室的再评估中,获得29分,被评为"课程实施优秀"等第。

表4-7 新闻小记者第二次运用课程实施与发展的分级评估量规的情况表

观测点		评价得分			
评价维度	评价标准	4	3	2	1
1. 教材使用	(1) 创造性使用	√			
	(2) 使用效果		√		
2. 教材开展	(1) 教学态度	√			
	(2) 提问技巧		√		
	(3) 关注学生	√			
	(4) 课堂氛围	√			
	(5) 预设生成		√		
	(6) 课程反思	√			

作为新闻小记者课程实施者,我以课程教材为载体,为教师和学生搭建合作平台。理念学习、情境设计、行为反思、找出差距、合理调整,环环相扣,合情合理。我在研发优化课程的过程中,以课内外观察为方法,注重理论与实践的契合:设计、反思、再设计、再反思,反复循环,螺旋上升。不观巨浪,怎知沧海？我在课程实施分级评估过程中,洗礼、成长、感悟、努力,汗水淋漓,乐在其中!

(案例撰写:郑颖)

案例 4-3

课程评价就是指挥棒

一、背景与意义

我校的心理活动课从开设至今,一直是学生最喜爱的课程之一,满足了相同年龄段儿童共同的心理发展需要。但如何评价心理活动课的质量,一直是仁者见仁,智者见智。有的评价者喜欢四平八稳、没有大错的课,认为这样的课就是一堂好课。于是听课变成了找错误,弄得开课老师很紧张。还有的评价者认为有亮点的课才是好课,哪怕这节课有瑕疵,但瑕不掩瑜。由于评价标准的侧重点不同,争议就产生了:到底选四平八稳、没有亮点的课还是选择虽有瑕疵、但也有亮点的课呢?这些争议源于缺乏统一的评价标准,如果有相对科学合理的课程评价标准,那么评价一节课就不会那么难了。

自从我校制定了《卢湾二中心小学教师课程实施水平的分级评估量规》后,我开始以此为标准对我执教的心理活动课的实施情况进行评估。

二、评估与聚焦

以我刚刚上过的一节题为"合作的秘密"的心理辅导活动课为例,我的评价结果如下:

表4-8 心理活动课第一次运用课程实施与发展的分级评估量规的情况表

评价维度	观测点	评价得分			
	评价指标	4	3	2	1
1. 教材使用	(1) 创造性使用			√	
	(2) 使用效果			√	
2. 教学开展	(1) 教学态度	√			
	(2) 提问技巧		√		
	(3) 关注学生	√			
	(4) 课堂氛围			√	
	(5) 预设生成			√	
	(6) 课程反思		√		

根据这个标准,我的这节课获得了22分,算是合格,这显然不够。仔细分析,我发现这节课有以下几个问题:

1. 创造性不够。对于教材的使用拘泥于课本本身，没有突破，刻板地使用教材上的材料，也没有把教材内容和学生实际相结合。究其原因，是我没有对教材进行深入研究，对于教学目的也没有很好地把握。于是我问自己：第一，本课的教学目标到底是什么？第二，教材为什么要选择这些内容，选这些内容要达到什么目的？

2. 教材使用效果差。由于课堂上教师刻板地使用教材内容，致使学生对教材里的活动兴趣不大，因此参与度不高，教学气氛沉闷，教学效果和效率自然都不如人意。

3. 提问方式单一。在课堂上，我的提问以封闭式提问居多，很多时候学生只要回答"是"或"不是"就结束了。而开放式提问的特点是不仅可以让学生把自己的感受观点都讲出来，还能引发他们的进一步思考，从而碰撞出更多智慧的火花来。因此，我以后需要多些这样的提问。

三、改进与提升

根据表格显示内容，我决定对这节课进行重新梳理，实现从合格课到优质课的转变。为此，我做了以下几件事：

1. 创造性地使用教材。通过对教材的进一步研究，我发现，教材上使用的热身游戏比较沉闷，不能很好地激发学生参与的热情。于是我查找资料，找到了一个既切题又有趣的热身游戏"数汽车"。这个游戏本身并不难，但需要学生通过相互合作才能完成。果然，在游戏开始阶段，孩子们习惯单兵作战，结果都是记住了后面的数字就忘记了前面的数字，没有一个人能准确说出各类汽车的数量。当我提醒大家想想办法时，有学生想到了以小组为单位，分工合作，每人数一类汽车的数量的办法，难题一下子得到了解决！很快，在第二次游戏时，大家一下子就报出了正确答案。课题自然而然地引出，学生的学习兴趣也一下子被激发出来。此外，对于这堂课中关于主题游戏的选择，我没有使用教材上的游戏，而是自己创造了一个新的更为贴切的游戏放在课内使用。游戏名为"站报纸"，一张报纸象征着一个小岛，小组成员必须都站在报纸上保持两秒才算成功，一次成功后报纸对折，再次进行游戏，看最多能对折几次。要求是不让一个成员掉队。这是一个需要小组成员合作的经典游戏，需要成员间互帮互助。在游戏中，我们可以看到某些学生具有领袖特质，能带领小组成员过关斩将，所向披靡。还能看到某些学生为了小组的胜利,甘愿自己多受些累的自我牺牲精神。最让我感动的是学生们在游戏中体现出来的那种相互包容、相互鼓励的合作精神。整节课需要达成的情感态度价值观维度的教学目标,学生通过这一个游戏就达到了。因此,我不由得再一次感慨,好材料的选择,是一节课成功的关键!

2. 提问方式的改变。有效的提问能让学生充分表达自己,无效的提问只能获得单一的答案,对学生帮助不大。对于心理活动课而言,想让学生充分表达,最好的提问方式就是开放式提问。开放式提问给学生更多自由的空间,能引导学生说出更多自己心里的想法。所以,我毫不犹豫地把一些"好不好"、"对不对"这样的闭合式提问都改成了"你觉得怎么样?"、"你认为怎么样"、"你有些什么样的感受"等开放式的问题。提问方式变化了,学生回答问题时话也变多了,亮点也多了。我从学生回答中找出亮点,再追问下去,就能在课堂上开辟一番新天地,整个课堂的气氛都活跃起来了。最让我惊喜的是,在课堂里,有一位女同学还联系了自身的经历,和原先有矛盾的同学和解了,这可是我在预设这节课时所没有想到的收获!

有了这两处调整以后,我根据《卢湾二中心小学教师课程实施水平的分级评估量规》再次对我这节课的实施情况进行评估,得分为30分,被评为"课程实施优秀"等第。详见下表:

表4-9 心理活动课第二次运用课程实施与发展的分级评估量规的情况表

评价维度	观测点 评价指标	4	3	2	1
1. 教材使用	(1) 创造性使用	√			
	(2) 使用效果	√			
2. 教学开展	(1) 教学态度	√			
	(2) 提问技巧		√		
	(3) 关注学生	√			
	(4) 课堂氛围	√			
	(5) 预设生成		√		
	(6) 课程反思	√			

反思这堂课的教学实践,我深深地感受到,一个有效的课程评价体系对于教师进行教学设计来说是多么重要！在此过程中,教师不仅课程设计能力和课程执行力得到了提高,反思能力、科研能力和课堂驾驭能力也得到了不同程度的提升。更为重要的是,好的设计能让学生在课堂上展现出智慧的火花,抓住这一亮点就能将课程带入一个更高、更深的层次。

（案例撰写：叶颖）

案例 4-4

大手牵小手,一同走进童话王国

一、背景与意义

《语文课程标准》明确指出要培养学生"广泛的阅读兴趣,扩大阅读面,增加阅读量,提倡少做题,多读书,好读书,读好书,读整本的书"。随着新课程的实施,大量的课外阅读已成为小学低年级识字课堂的一种延伸和拓展。

低年级是学生学习阅读的起步阶段,他们最喜爱的读物要数童话故事了。作为我校童话王国走班课的创始人,我几年来一心致力于课程内容的开发与实施,旨在让小学一年级的学生更好地掌握阅读童话故事的方法,轻松愉快地阅读童话故事书,使其遨游在童话王国的海洋中,体验阅读的乐趣。

二、评估与聚焦

该如何指导小学低年级学生阅读最喜欢的童话故事,走进童话王国呢？我为此查阅了许多资料,动了许多脑筋。我认为,首先,教学语言要活泼、简洁、自然,有鲜明浓郁的儿童特点。只有这样的课堂,孩子们才愿意上。其次,每篇童话都要有一个鲜明的主题,童话的中心要歌颂真善美,反对假恶丑。所以,教师一定要借虚构的故事、离奇的情节,让孩子们在高兴的同时又受到教育。第三,低年级学生的注意力不容易集中,太枯燥的内容不能激发他们的兴趣,因此设计一些吸引他们的不同内容是非常重要的。

2013年,校课程领导实验室教学评估部依据《卢湾二中心小学课程实施量规》,对我这门课的课程实施情况进行了评估,成绩是23分,等级为"课程实施合格",还有继续提高的空间,尤其在教材的创造性使用和课堂的预设与生成方面做得还不够。

表4-10 童话王国第一次运用课程实施与发展的分级评估量规的情况表

观测点		评价得分			
评价维度	评价标准	4	3	2	1
1. 教材使用	(1) 创造性使用		√		
	(2) 使用效果			√	
2. 教材开展	(1) 教学态度	√			
	(2) 提问技巧		√		
	(3) 关注学生		√		
	(4) 课堂氛围		√		
	(5) 预设生成			√	
	(6) 课程反思		√		

三、改进与提升

2014学年,在和教学评估部的老师们反复几次沟通后,我结合教学评估部给出的意见,又和小朋友进行了深入交流。在耐心听取他们的意见后,我又听取了低年级老师的建议,结合孩子们的学龄特点重新设计了一些方法和内容,对课程方案和课程实施过程都进行了适当的调整。

1. 指导看图,图文结合

教科书上适合小学低年级阅读的童话故事多以图文结合的形式出现,图是文的真实描绘和写照。在指导低年级学生阅读这类童话书的过程中,教师要充分发挥图的作用,指导学生如何看图,帮助其想象故事的内容。

例如，我在指导一年级学生阅读童话故事《新龟兔赛跑》时，发现学生很喜欢图片上小白兔穿着运动衣要和乌龟再次比赛的场景。我先指导学生看色彩非常鲜艳、画面活泼有趣的图画，再让学生阅读故事文本，从而使学生更易读懂故事，记忆故事。在阅读的余热中，我还推荐了《新龟兔赛跑》不同版本的几本课外书，学生自然就把课堂学习的方法用来读他们喜欢的书了，还很快把自己读的不同故事与同学交流。这样，学生不但能体会读故事的乐趣，而且能读懂故事，明白故事所蕴含的道理。

2. 以读为主，教会方法

阅读有精读和略读之分。对于现在的小学低年级学生来说，经典的童话故事的阅读就要先略读后精读。具体来说，一年级学生就是要细细品味文章中的好词佳句，抓住文章的实质内容，体会文章所要表达的思想感情，真正把文章读熟读透。二年级学生要求在会读的基础上，学会默读，不指读，不唱读。

例如，我在指导学生阅读童话故事《丑小鸭》时，教给学生"三读一写"的阅读方法。"三读一写"是指一读要读通，二读知内容，三读有感受；一写是指"遇到好词句，读书卡上记"。第一次读故事，我指导学生通过拼音、查字典、问别人等方法解决生字的问题，大声读顺句子。第二次阅读故事，我要求学生快速阅读时，用各种符号标注描写主要内容的优美的句子、段落、名人名言等，从而了解故事基本内容。第三次默读，我引导学生尽量养成边读边想的好习惯，如文章主要讲了什么呀，什么地方懂了、什么地方没明白呀，什么地方有趣，从故事中得到什么启示……所有这些问题不一定要有答案，但各种各样的问题都要尝试去思考，这样才可以提高理解能力，增强语感。第四贵在积累，我会根据学生的能力水平来要求他们填写读书卡。有了"三读一写"这种通俗易懂的阅读方法，学生就更有信心去读好《丑小鸭》及其他的童话故事了。

我认为，对低年级孩子阅读方法的指导切不可简单理解为单纯的学习方法的指导。我们要随时了解儿童在阅读过程的每一阶段所遇到的障碍，有针对性地进行指导。也只有这样，学生才能不断地提高阅读的水平，保持阅读的热情，在阅读童话故事时变得轻松，变得愉快。

3. 推荐好书，教会选读

现如今市场上的童话故事种类很多，版本让人眼花缭乱，但大多数篇幅较长，内容深奥。低年级学生受认识能力的限制,辨别挑选书籍的能力比较弱。平时,我有意地向学生介绍古今中外一些热爱读书的名人名家,如文学家高尔基、领袖毛泽东、大作家老舍、叶圣陶、冰心;有意识地向他们推荐一些著名的中外童话故事书,如《安徒生童话集》《格林童话集》《叶圣陶童话集》《郑渊洁童话集》等。当然,在推荐优秀故事的过程中我不做硬性规定,否则将会扼杀学生个人的阅读兴趣。

4. 积极组织读书活动

读书要有氛围,学校、老师和家长如果积极组织各种读书活动,学生也会积极回应。如我校开学就会要求各班建设"班级读书角";老师通过班会动员大家"爱读书,读好书";每周二下午第二节课为全校的读书时间;要求学生平时要到学校的图书室借书阅览,并建议家长平时多带孩子去书店看书。在童话王国的课堂里,我还经常举行"童话故事演讲比赛"。每次看着孩子们天真的脸庞和投入的眼神,我就知道他们被经典的故事情节深深吸引了。现在,这个班的小朋友不仅会阅读故事,而且还能把故事讲得绘声绘色,这就是最大的教学成果。

在课程实施的几年时间里,我这门童话王国的课程经过教学评估部的帮助与指导,课程实施效果有了很大进步,在学校教师课程实施水平的第二次分级评估中,得分一下子提高了5分。

表 4-11 童话王国第二次运用课程实施水平分级评估量规的情况表

评价维度	观测点	评价得分			
	评价标准	4	3	2	1
1. 教材使用	(1) 创造性使用	√			
	(2) 使用效果		√		
2. 教材开展	(1) 教学态度	√			
	(2) 提问技巧		√		
	(3) 关注学生	√			
	(4) 课堂氛围		√		
	(5) 预设生成	√			
	(6) 课程反思		√		

此外，我与其他同事也都深切地感受到，在课程领导实验室的统领下，我校教学评估部的工作日趋具体规范，为提高学校课程的实施效果提供了许多理论方面的支持和指导，是确保我校整体课程实施工作落在实处的重要保障，深受老师们欢迎。在此过程中，教师乐教，学生乐学，师生都获得了很好的成长。

（案例撰写：王芸）

案例 4-5

磨课磨人，磨课磨艺

一、背景与意义

2015年9月，我接受了一个任务，代表学校参加黄浦区中青年教师品德与社会学科的教学比赛，比赛的主题是"优化学习方式，促进学生思维品质的提升"。我作为品德与社会区级骨干、区中心组成员，参加这样的比赛，能够督促自己借此平台积极开展教育教学研究与改革，大胆探索实施素质教育的教学模式和教学方法，有效促进自己的专业能力与水平的不断提升。

在通过第一轮的说课比赛后，我有幸进入决赛。每位老师要根据自己执教的年级设计并执教一节课。当时，我执教的是五年级。品德与社会学科进入高年级后，教材内容大量涉及历史地理等学科知识，内容跨度大，涉及面广，教学难度高。以前我在教学研究中，主要研究的是低中年级，内容相对贴近学生生活。这次要上五年级，对自己是一个蛮大的挑战。我仔细研究了教材，并根据进度，结合自己的兴趣和专长，选择了《运河名城——扬州》这篇课文。

二、评估与聚焦

《运河名城——扬州》是《品德与社会》(科教版)五年级第一学期第二单元《贯通南

北的大运河》中第二课的第三个内容。教材用两个对开页来讲述扬州,目的是进一步说明运河开通对沿岸城市繁盛的促进作用,介绍扬州这个历史文化名城的风貌。教材通过文字、图片介绍运河开通后,扬州发展为交通枢纽,迎来了许多文化名人,还呈现了扬州的古诗、园林、传说故事,帮助学生认识大运河对扬州发展的重大影响。同时,教材还通过转载一篇解放日报的文章,反映扬州人民具有强烈的保护历史文化遗产的意识,并为保护历史文化遗产、共同创建"精致扬州"而竭尽全力,希望能由此感染学生,增强他们保护文化遗产的意识。

我在认真研读教材的基础上,又围绕扬州搜集了大量的相关资料,潜心思考,确立了这节课的教学目标,并围绕教学目标选择教学内容,撰写了教学设计,并进行了校内的试教。学校课程领导实验室、教导处、教研组三级课程管理部门依据《卢湾二中心小学教师课程实施水平的分级评估量规》对我这节课进行评估,它获得24分,被评为"课程实施合格"等第。具体结果如下:

表4-12 运河名城——扬州第一次运用课程实施与发展的分级评估量规的情况表

评价维度	观测点	评价得分			
	评价指标	4	3	2	1
1. 教材使用	(1) 创造性使用			√	
	(2) 使用效果			√	
2. 教学开展	(1) 教学态度	√			
	(2) 提问技巧		√		
	(3) 关注学生			√	
	(4) 课堂氛围	√			
	(5) 预设生成	√			
	(6) 课程反思		√		

从这份评价表中可以清楚地发现,我在这堂课的实施过程中,"教学态度"、"课堂氛围"和"预设生成"都达到了优秀,这充分反映出我的教学思路清晰,突出重点,能面向全体学生并关注学力弱势学生的提高与发展;教态自然亲切生动,能

充分调动学生学习的积极性，提高课堂的参与度；同时对教学过程有充分的预见力，精心准备了预设内容，驾驭课程时胸有成竹，游刃有余，面对学生突发生成的问题能巧妙地诱导解决。但是我也发现，"教材使用效果"和"对学生的关注"都只得了2分，也就是合格。综合听课老师的讨论意见，我发现问题主要表现在两个方面：

1. 能创造性地使用教材，但重点不突出，使用效果较差。

能结合学生学情，对教材中的内容进行创造性的处理。因为要深入地了解一个城市，不仅要了解它的地理位置、历史发展，还要了解它的建筑、名人、饮食、诗词等方方面面的内容，因此我补充了大量的和扬州有关的内容，但教下来发现实际效果并不好。由于内容太多太杂，老师在课堂上只能蜻蜓点水，给学生看看资料，让他们谈谈感受，教学的重点不能突出，教学的实效性较差。

2. 根据课程特点，有学习策略指导但不突出，缺少对学生方法与能力目标的培养。

为了让学生更好地了解扬州这座城市，感受扬州的历史和文化，我指导学生课前围绕主题进行调查和资料的搜集，然后让他们在课堂上充当小导游为大家进行介绍，教师适时补充、点拨。但在教学时我发现，学生能围绕主题进行资料的搜集，但怎样处理搜集到的资料，如何对资料进行分析、讨论，如何在认识上有进一步的提高，这些方面都存在欠缺。同样，第三个版块"了解扬州人为保护文化遗产，打造精致扬州所做的努力"，我也是指导学生通过阅读教材上的内容，交流读懂了什么，从而得出结论。表面上看学生似乎读懂了、明白了，实际上教师缺少对学生思维深度的训练与培养，缺少对学生方法与能力目标的有效培养。

三、改进与提升

依据量表评估，结合问题表现，我又一次对这篇课文进行深入研究，重新设计了教学过程，进行了第二次试教，并依据量规再次进行评价。这一次，教材的创造性使用及效果、关注学生这两个评价指标都有了明显的提高与进步，达到了优秀。

表4-13 运河名城——扬州第二次运用课程实施与发展的分级评估量规的情况表

评价维度	观测点 评价指标	4	3	2	1
1. 教材使用	(1) 创造性使用	√			
	(2) 使用效果	√			
2. 教学开展	(1) 教学态度	√			
	(2) 提问技巧		√		
	(3) 关注学生		√		
	(4) 课堂氛围	√			
	(5) 预设生成		√		
	(6) 课程反思	√			

具体表现为：

1. 根据学生知识储备、学习兴趣，创造性地使用教材

(1) 增内容

在原有教材的基础上，我有选择地增加了有关扬州美食的教学内容。这是因为学生在四年级的语文课上曾经学习过朱自清先生的《扬州茶馆》，对扬州的美食很感兴趣，而且课前他们搜集的具有代表性的图片有很多都是扬州美食。于是，我"借美食说美食"，以学生生活经验为基础，在教学中增加对扬州美食的介绍。事实证明，将此内容作为对扬州了解的第一步是十分成功的，真正实现了从学生的兴趣点切入，调动他们学习的积极性。

美食部分的增加更重要的是要让学生对扬州美食有"新的认识"。学生对美食的印象基本就停留在味道好的层面，我便通过观看视频、交流讨论，引导学生感受扬州美食背后蕴含的深厚文化底蕴，从而使其感受扬州人的精致生活，达到预期效果。

增加《意大利人把古建筑当孩子》一文。在学习了课文中扬州人保护四城门的故事后，学生了解了扬州人为保护文化遗产、打造精致扬州所做的努力，愿意向他们学习，为保护珍贵的文化遗产而做出自己的努力。此时，我引出保护身边的古建筑——我们学校的小洋楼这一话题，并提出问题：保护古建筑是不是就是不使用？让学生思

辨,然后通过增加阅读材料《意大利人把古建筑当孩子》,使学生们从中有所感悟,提升其认识。

总之,拓展材料的运用具有现实性、典型性,且具体而形象,能够将学生的已有认知和现实体验紧密结合,有效引发学生思考,激发学生的探究意识。

(2) 分教时

要深入地了解一个城市,不仅要了解它的地理位置、历史发展,还要了解它的建筑、名人、饮食、诗词等方方面面的内容,本课更为重要的是还要让学生了解扬州人对文化遗产的保护。针对第一次试教呈现的问题——内容太多,重点不突出,我决定将本课分为两个教时进行。第一教时,首先通过读图,让学生了解扬州特殊的地理位置。接着,我从学生最感兴趣的美食、美景入手,让他们通过相关的资料观看、阅读、交流、整理,对扬州有一个初步的了解,并产生探究的兴趣。然后,从了解园林特点入手引导学生了解扬州人如何保护这些古建筑,从而形成保护文化遗产的意识。第二教时,主要从扬州的市花琼花、扬州名人、诗词等入手,让学生感受扬州深厚的历史文化底蕴,学习扬州人的精神。

2. 改变学生的学习方法,提高其对资料进行辨析、提炼、归纳的能力

(1) 多次读图,培养学生综合读图的能力

为了帮助学生了解扬州地理位置的特点,认识大运河对扬州发展的影响,初步感知扬州是运河开通后兴起的历史名城,我在第一个活动中设计了三次读图:初次读图,复习旧知,了解扬州的位置;再次读图,仔细观察,找到扬州地理位置的特点;三次读图,加深认识,并通过有根据的猜测,初步感知大运河对扬州发展的影响。通过这三次读图,引导学生思维的深入,提升他们细致读图、综合读图的能力。

(2) 图片分类,提升学生资料整理的能力

面对学生展示的大量和扬州有关的图片资料,我有意识地引导学生通过分类的方法,迅速理清思路,对资料进行整理归纳,帮助学生掌握资料整理的方法,提升学生资料整理的能力。

(3) 表格填写,培养学生归纳总结的能力

教材中,扬州园林出现了"南秀北雄"四个字。如何帮助学生真正理解,我通过联

系旧知,让学生回忆北京、杭州的建筑特点,对南秀北雄有一个初步印象。接着以点带面,以五亭桥为例,引导学生通过使用填表格归纳的方法,迅速找到关键词,找到南秀北雄的具体表现,同时引导他们课后也可以运用这种方法去探究扬州的其他景点特色。最后,帮助学生掌握运用表格归纳整理的方法,提升他们对资料归纳总结的能力。

3. 注重学生自主学习,提升学生思维品质

整堂课上,我希望学生从读图到分类,从填表格归纳到画思维导图,思维过程是由浅到深,层层深入的。

在学生的学习过程中,我尽可能地发挥学生的主体性。考虑到扬州人保护文化遗产的意识逐步提高,而书上提供的文字材料较抽象,我引导学生阅读、交流、小组合作画思维导图、思辨,从抽象到具体、从感性到理性,真切感知人们态度的变化和意识的提高。我有意识地培养学生的学习能力,使课堂教学不是教师一个人讲授,而是师生在共同的讨论中完成对事物的认识,感受扬州人为保护文化遗产所做的努力。这样的教学,充分激发了学生向扬州人民学习的愿望。

但第二次试教也呈现出新的问题。最后一个环节,教师预设了一个思辨:以学校的小洋楼为例,保护古建筑是否意味着不再使用?我让学生谈谈自己的看法,没想到学生的发言都不支持停用这种做法,并陈述了自己的理由,发言呈现一边倒的局面,并没有达到原先预想的思辨的目的。我在教学过程中也没能及时作出应对与解决。反思这段教学活动设计,我进行了第三次调整。当学生已经产生了要保护古建筑的欲望和热情时,我顺水推舟,以校园中的百年建筑——小洋楼为例,结合板书,提出多方联动,让学生来出出主意,想想保护古建筑的办法,可以从自身、学校、文物部门、市政府等多个角度思考,这样就贴近学生生活,启发学生思考,使学生畅所欲言,能更好地达到"愿意向扬州人民学习,为保护珍贵的文化遗产而做出自己的努力"这个情感、态度、价值观的教学目标。

反思这堂课的三次教学实践,我深深地感受到,运用《教师课程实施水平的分级评估量规》,使得评价标准明确化、清晰化、客观化,教师可以十分清楚地发现自己课程实施的优与劣,更好地发现问题、分析问题,有效地解决问题,真正提高教师的课程实施水平与能力。

(案例撰写:许影琦)

第五章　课程情感与认知的分级评估

当我们激动喜悦时,当我们茫然无助时,当我们束手无策时,情感是推动我们前行的关键变量。课程情感并不像课程设计与实施那样看得见摸得着,但它却是教师优化课程的动力。有了动力,我们才有勇气去克服一个个深入课程内部的"疑难杂症";有了执著,我们才可能让学校课程变革的道路越走越宽。实践证明,只有让教师体验到课程开发的"价值感",才能促使他们更努力地推动课程变革。

教师作为课程的设计者和执行者,从接受任务到完成任务再到不断反思调整,不可否认,他们从完成任务到实现自我,从被动到主动,其设计实施课程的动力在不断地被激发。当他们的课程越接近学校目标时,越能体现自己的价值时,其课程的情感与认知将被逐步唤醒,而其评估结果又将进一步促进教师完善优化其课程实践。

一　着眼"价值实现"的课程情感与认知评估理念

我们始终认为只有教师有了正确的认知和积极的情感,认可了学校的课程目标和价值判断,教师才愿意、才可能高效地设计与实施课程。而判断这种情感的转变,评价其转变的主动性,能让教师感受到自我价值的实现,能使课程情感的改善给予教师优化课程实践的动力,使课程质量得到质的突破。

这类评价内容可从三点入手:一是教师能动性,主要指教师在设计课程中的主动性、自觉性,促使教师课程实施的内在动力,直接影响教师自我调整意识和行动;二是教师的态度,主要指教师在执行过程中的热情、认真程度,以及完成工作的质量;三是教师的价值感,主要指教师在设计与执行过程中的匹配度,学生的成果、教师成功感的获得,最后达到自我价值的实现。

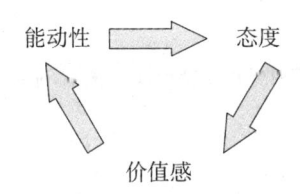

能动性 → 态度 → 价值感 → 能动性

教师的能动性、态度、价值感三者相互联系,相互促进。能动性的高低,能体现在教师在设计实施过程中的态度中,认真的态度又是实现其价值的基础,而其价值感的实现,能直接促进教师优化课程的能动性。因此三者不可分割,循环作用。

1. 教师能动性

教师的能动性指向的是教师主动、自觉地从事和管理自己的课程行为。有内在动力的支持,教师能根据学校总体课程目标思考课程项目,并与自己的兴趣衔接,有自主开展课程活动的意识,在课程活动中能调动课堂情感,提高学生参与度,能全方位考虑课程内容和学生的互动,能进行恰当的自我监控、自我调节,对课程活动能进行正确的自我评价与归因,从中获得积极的课程情感体验。

2. 教师的态度

教师的态度取决于教师在课程设计与执行过程中自身的参与热情,在遇到困难时有积极的态度去解决,愿意为之付出劳动和智慧,从而体现于完成工作的质量。其评价内容分为教师设计课程的时间、质量,教师执行课程的规范度、课堂质量、课程优化状态等,评价主要由课程领导实验室牵头,以自我评价为基础,综合课程开发、课程实施等分管部门的评定。

3. 教师的价值感

教师的价值感是教师在课程实施中的成功感受,或课程结束后的自我实现的成就感。教师设计课程仅仅停留在想象过程中,最后课程实现可能有所差距,这项评价旨在让教师对自己设计的课程进行自我评价，判断其是不是达到了预期的效果，实现了学校课程目标，实现了自我课程目标的定位，当然，也可以通过他人肯定或学生的学习成果的评价来显性体现。

二 立足"积极能动"的课程情感与认知评估工具

为评价教师在课程执行过程中是否能主动、自觉地从事和管理自己的课程行为，课程领导实验室制订了以下《教师能动性评定量表》。

表 5-1 教师能动性评定量表

评价项目	4	3	2	1	自评	分管评	综合评定
课程设计主动性	根据兴趣主动设计课程，并能在设计中整合学校总体课程目标、专业知识、自身体验、学生实际，深入思考课程方案及内容。	根据兴趣主动设计课程，能在设计中根据学校总体课程目标、学生实际调整专业课程，思考课程方案及课程内容。	能根据任务需求设计课程，并能寻求课程资源，根据学校总体课程目标、学生实际设计课程方案及内容。	能根据学校总体课程目标寻求课程资源设计课程。			
课程实施情感	能调动课堂情感，能提高学生参与度，能全方位考虑课程内容和学生的互动，主动思考设计方案与过程，调整课程内容、实施方式。	能提高学生参与度，考虑课程内容和学生的互动，主动思考设计方案与过程，调整课程内容、实施方式。	能根据课程需求，要求反思及调整课程内容、实施方式。	能反思及调整课程内容、实施方式。			

我们根据教师在课程设计与执行过程中付出的时间、自身参与的深度与广度、开发执行过程的质量来判断其参与热情和遇到困难时的态度等，具体制订了以下《教师态度评定量表》。

表5-2　教师态度评定量表

项目	描述	自评	分管评	综合
时间	教师能按时完成课程的设计与实施			
参与度	教师能积极参与课程展示各项活动			
规范度	教师能规范实施课程			
课程开发质量	文本设计综合评定			
课程执行质量	课堂质量综合评定			

我们根据成功教师设计课程时关注的课程匹配度、实现度、成功度的多少来衡量教师获得价值感的尺度，具体制订了以下《教师价值感评定量表》。

表5-3　教师价值感评定量表

评价项目	4	3	2	1
匹配度	课程设计和实施与学校课程总体目标匹配	课程设计和实施与学校课程总体目标基本匹配	课程设计和实施与学校课程总体目标部分匹配	课程设计和实施与学校课程总体目标匹配度不够
	成为了区域特色课程	成为了学校特色课程	成为了学校课程	课程开发未通过
实现度	课程设计与实施实现了自我预期	课程设计与实施基本实现了自我预期	课程设计与实施部分实现了自我预期	课程设计与实施没有实现自我预期
	学生成果质量达到了预期，有优秀作品	学生成果质量达到了预期	学生成果质量一般	学生成果质量较差
成功度	教师课程获得了市区肯定	教师课程获得了校级肯定	教师课程被评为合格	教师课程被评为不合格

三　驾驭"赢在执行"的课程情感与认知评估策略

（一）教师能动性量规使用说明

在评价教师能动性的量规设计中，我们把时间段设在课程设计与实施两个阶段中，课程设计阶段主要围绕从兴趣出发，并能根据学校总体课程目标、专业知识等各领域有层次地设计，突出教师的主动参与性和思考深入性，逻辑的把握性等方面展开；课程实施阶段则从教师在课程实施中的主动思维的广度和深度入手，关注教师调动的课堂情感、提高学生的参与度与达成度和主动思考设计方案与过程、调整课程内容、实施方式三部分，评价教师在实施过程中对自己设计课程的认同感和执行力。

此量规主要通过教师自我评价和主管评价完成，比例各占到50%，得分达到或超过6分，说明教师在课程能动性上表现非常积极，主动开发并实施课程的愿望非常强烈，其执行力也非常出色，是学校开发特色校本课程的核心力量；得分在4—5分之间的教师可能成为学校课程设计与实施的主体，他们并不一定是最优秀的，但经过研修和一定的激励，其执行力不容小觑；得分在4分以下的教师以完成任务为目标，其积极性有待进一步激励。

（二）教师态度评定量规使用说明

教师的态度是优化课程质量的保障，通过评价教师的态度能肯定优秀教师的付出，鞭策后进教师进一步努力，并让教师认识到自己在实施课程过程中的问题，是不够及时，还是不够规范、不够积极，还是课程设计与实施的质量有待改善。

此量规主要由自评、分管评两部分组成，总分10分，自评3分占到30%，分管评7分占到70%，从教师内部感受到外部质量评价，较全面展现教师在课程实施中的态度，当然此评价可每年进行一次，因为教师的态度可能有所转变。我们拟把总分40分及以上的认定为态度认真，30—49分为较认真，20—29分为须努力，20分以下为不合格。对于态度的评价即是对认真者的认可和对后进者的提醒，也可以作为奖励或提示标准。

（三）教师价值感评定量规使用说明

教师的价值感从三个维度入手进行评价：项目课程与学校课程的匹配度、项目课程是否实现自我、教师是否得到肯定。匹配度指向教师在学校中的价值体现，实现度指向教师的自我价值，成功度指向他人的认同。教师可以通过在课程实施中感受到自我价值，并获得同行、学生的认同，来获得进一步优化课程、成就自我的动力。

教师价值感的获得主要通过自我感受来评定，我们拟把总分 18 分及以上的认定为自我价值认同高，13—17 分为较高，8—12 分为一般，8 分以下体现不出价值感。通过自我价值的评价，教师可以在此过程中内省自身，成就自我，并获得进一步优化实施课程的动力，同时自我评价的结果也是分管领导认可教师的另一种情感考量。

课程领导实验室在制订教师能动性、教师的态度和教师的价值感量表后，选择了课程实施队伍中的年轻型教师、经验型教师和成功型教师三类代表进行了量表使用的尝试。从教师使用到调整改进，从领导实验室的跟踪使用到改进使用过程，我们发现，教师用课程情感与认知的分级评估切实提高了课程执行力，而学生的情感价值也在此推动下蔓延开来。

案例 5-1

课程实施情感评价攻克执行难度

一、背景与意义

智慧小当家这门课程并不是我的原创，准确地说，我只是这门课程的实施者。但据说这门课是最受学生欢迎的课之一，每一年学生都"挤破头抢课程"。由此可见，对于学生，这门课程极富吸引力。

对于我来说，接受这个课程的教学任务，内心是十分忐忑的。因为我是一个没有下过厨的人，是否能胜任呢？但我也略有期待，因为我一直想学习烹饪，也许这正好是个良机,督促我付诸行动吧。

怀着忐忑而又期待的复杂心情,我就开始备课了。先请教身边擅长烹饪的朋友,下载有关下厨的APP;然后我又考虑到学生年龄小的特点,寻找食材常见、用时短、工具精简、易上手的菜式。从自我学习到关注学生,我认为我的起点是充满兴趣的,因为我认为能和学生一起研究厨艺,既是一种乐趣,也是一种挑战,能看到我们一起完成的作品更是一种幸福。

在实战演练的两个月中,我发现自己的兴趣渐渐地被各种"解决不了"的问题磨没了。有限的工具要如何合理使用?食材如何进行分配才能做到不浪费?自己虽然想了各种方法,可是随着课程的推进,我只感到自己疲于应对,对于突发问题经常一筹莫展。

为什么我充满热情,但结果总是差强人意呢?我找到了学校课程领导实验室的课程情感与认知的评价组,请他们为我实施课程的这段历程来把把脉。

二、评估与聚焦

课程领导实验室的课程情感与认知的评价组仔细阅读了我的课程实施教案,并进入了我的课堂,参加了我的实施反思讨论会。以《教师能动性量规》为依据,我们将聚焦点放在课程实施情感的评价中,具体要点如下:

表5-4 智慧小当家教师能动性评定表

评价项目	4	3	2	1	自评	分管评	综合评定
课程实施情感	能调动课堂情感,能提高学生参与度,能全方位考虑课程内容和学生的互动,主动思考设计方案与过程,调整课程内容、实施方式。	能提高学生参与度,考虑课程内容和学生的互动,主动思考设计方案与过程,调整课程内容、实施方式。	能根据课程需求,要求反思及调整课程内容、实施方式。	能反思及调整课程内容、实施方式。	3	2	5

第五章 课程情感与认知的分级评估

拿到评价表,我给了自己3分,分管领导只给了我2分,总分值为5分,课程情感评价核心小组老师们认为,我可能成为学校课程设计与实施的主体,虽然目前并不一定是最优秀的,但经过研修和调整,我的执行力不容小觑。

那么我的"课程实施情感"如何调整才能显现出我的能动性,促进我进一步优化课程?评价小组和我坐在一起召开了"诊断会",帮助我找到评估的聚焦点,给予我针对性的指导。

课程情感与认知的评价组向我说明了评价量表的观测点,我明白了要获得课程实施情感的最高分,需要在课程实施中,教师以课程情感为动力,自我加压,并能有条理地根据课堂实效、学生反馈、专家指导,主动思考设计方案与过程,调整课程内容、实施方式。因此,除了有一腔热情外,更需要全方面了解课程的实施动态,其中包括教师调动课堂的情感,师生互动课程情感,调整课程内容、实施方式主动性、全面性三部分。

那么我的具体情况到底如何呢?通过与课程情感与认知的评价组多次讨论,我完成了智慧小当家课程实施情感评价的得分失分细则。

表5-5 智慧小当家能动性得分失分表

评价项目	课程实施情感	
	得分点	扣分点
教师调动课堂的情感		(1) 教师有畏难情绪,有"简单"取代"复杂"的现象。 (2) 在课堂中比较疲于应对,对于一些问题预见度不够。
师生互动课程情感	学生受到教师情感的影响,参与热情很高,全员动手;对于学生的成功体验,教师能及时鼓励。	没有充分激发学生的课程动力,包括其主动发现问题、解决问题的意识;学生在遇到挫折时,教师的适时鼓励不够。
调整课程内容、实施方式主动性、全面性	教师能进行课后反思并根据问题进行调整。	教师的专业度有待加强,反思的逻辑性、科学性薄弱。

综合以上评价和要求,我发现了我的得分点主要是以下几个方面:

1. 我的生活情趣影响了学生兴趣。我认为一个具有生活情趣的老师,会把生活的美好传递给学生,一盆花、一份色香味俱全的点心,都是热爱生活的表现。因此在课前我总是会事先布置课程教室,尽可能让学生感受到环境的雅致,潜移默化地让学生感受到美好生活细节的点点滴滴。

同时,我会在课程实施前制作样品,并把成品带给学生一起分享,激发学生的激情。美食美景的创设能尽可能调动学生的主动性,让他们多动手、多实践,使学生能体验烘焙的乐趣,体会其中蕴含的生活情趣,得到成功体验。

2. 师生互动反思加深了课程实施情感。每次课程实施前后,我都会花不少时间主动"备课",其中有不断的自我学习和来自实践问题的自我反思。

课前,我会主动收集各种资源完善自己的学习过程。课程的资源可以来自于方方面面,网络、书籍、视频都是教师的学习资源,朋友、家人的帮助也是一种资源。从这些资源中教师可以获得烹饪的方法和技巧。

课后,我会主动关注学生。智慧小当家一课面向的是四五年级的学生,他们形成了自己的思维,具备了一些能力,也积累了一些经验,他们会经常和我交流对于制作材料和制作方式的看法,并把制作过程中的问题拿出来和我一起探讨,我与学生之间的交流督促我不断反思并及时调整,也进一步加深了我的课程实施情感。

在我肯定自己得分点的同时,课程情感评价组为我指出了我失分的具体原因:

1. 教师调动课堂情感的主动性较弱。

(1) 我有畏难情绪,有"简单"取代"复杂"的现象。在课程实施中,有一些内容有各种难度,较难实施。课程情感评价小组老师向我提问:为什么"包粽子"这个内容被"做葱油饼"取而代之?我承认"包粽子"是一项技术活,我始终难以熟练掌握,因此我经常会想出简单的内容取而代之,看似也完成了课程内容,其实反映出我的深入研究的意识并没有并激发。长此以往,学生的学习更容易浮于表面,而我的执行力也会因此停滞不前。

(2) 我的挫折体验打击了我的兴趣。实施课程的过程中,我难免会遇到有难度和有挑战的时候,尝试多次,最后以失败告终。在进入到学期中的时候,我甚至开始感觉到有些"烦",最好应付一下就可以了。课程情感评价小组老师一针见血地指出了我的情绪波动,我不得不承认我的兴趣受到了一定的打击。

2. 没有充分激发学生的课程动力。

(1) 没有关注学生的探究力。课程情感评价小组老师在观察了我的课堂教学后,向我指出:在学生的学习过程中,我总是以完成任务为首要目标,并没有充分激发学生对于问题的探究意识和主动发现问题、解决问题的意识,忽略了学生对于作品设计的创造性和积极性。

(2) 没有及时正面鼓励。评价小组老师告诉我,我的失分点还在于:学生在遇到挫折时,教师的适时鼓励做得不够,我的正面情感的输出太少,仅仅对完成出色的学生进行了表扬。而在遇到问题的学生需要教师的情感鼓励和技术指导的时候,我一般"视而不见",或是简单地说出"你再试试"的话,使学生课程学习的动力受到打击。

3. 我的专业知识技能需要不断提升。

在实施课程时,我的专业语言、专业动作还是受到了老师们的批评。确实,对于烹饪本身的专业知识、操作技能的规范,我还是停留在"学徒"阶段,需要极大的学习和成长。

三、改进与提升

根据课程情感评价小组和我的讨论结果,我认识到要进一步提高我的课程实施水平,需要从自己的失分点入手逐步改进,因此我着重从调动课程情感的主动性、师生互动课程情感和自己的专业知识技能三方面入手,全面改进我的课程实施情感。

连续三个月,课程情感与认知的评价组老师每月进入我的课堂一次,在观察了我的课堂并与我的学生近距离接触后,我们主要针对原失分点,依据量规,再次进行了评价。

这次,我们惊喜地发现,无论是我还是学生,在课程情感上都有了很大的进步。主要改进情况如下:

表 5-6　智慧小当家改进措施表

		问题与措施
教师调动课堂的情感	攻坚克难	我开始不回避课程内容中的难点,按计划实施,并能根据一些内容开始尝试做进一步拓展。(老师观察到我在课堂结束时加了"奇思妙想"环节,加深了课程的难度,拓展了学生的视野)
	调整挫折感	我在遇到挫折时,学会了自我解压和调控;遇到失败,我开始尝试分散实施、分点击破的方法,减轻我的挫折体验;当然在遇到挫折时,我也提升了我的情绪管理能力,同时我发现,学生的快乐感能迅速缓解我的挫败感。
师生互动课程情感	关注探究	学生遇到问题时,我开始组织学生开展小组探究活动,特别在"学生操作要点比较"和"新配方研发"过程中,我特别关注鼓励学生产生新的问题。受到我情感的影响,学生参与热情很高,更愿意自己尝试,自己探究。
	正面激励	在学生遇到挫折时,我开始注重学生互相倾听、互相帮助、互相鼓励的过程,并鼓励他们不回避问题,用我的失败经验让学生感受到失败并不可怕,我们要享受的是"小当家"的过程。我发现我已经能很好地调动课堂中我和学生的情感。
调整课程内容、实施方式	教师能进行课后反思并根据问题进行调整	我的专业学习不再仅仅停留在自学阶段,学校课程领导实验室为我提供了专业支持,我可以开始较系统地学习简单的厨艺,从而提升了我的课程执行力。同时,我心中渐渐有了底气。

在第二学期进入智慧小当家课堂的时候,我重新梳理了自己的课程情感,再也不回避有难度的课程内容,甚至因为有了专业的知识技能储备,我开始尝试慢慢对原有的课程内容进行进一步拓展,课程情感评价组的老师对我的变化给予了赞赏。

同时,针对"师生互动课程情感"又一次提出了"改进意见",老师们给我指出,学生和老师的情感在课程中是可以互动的,老师的情感能够带动学生,学生的情感也会影响老师,在情感互动中也要体现教学相长。在前期,我已经开始逐渐做到两点:关注学生探究过程和正面激励学生,但课堂是灵动的,在课程开始前、中、后阶段,都应该体现出师生之间的情感互动。

一年后，在智慧小当家的课堂上，与刚开始的"忐忑而又怀有期许"不同，对于课程我逐渐充满自信。因为我已经学会用课程实施情感量表不断完善自我，审视自己的课程执行力。课程情感评价小组在期末评价中给予了我 4 分的较好评价，结合我自己的 4 分，总分达到了 8 分，我的教师价值感评价总分也随之提升。

虽然我还不够专业，但是即使我受到挫折，我对课程的兴趣、对克服困难的想法依然强烈，在这样的情感驱使下，我上课越来越游刃有余。可见，情感作为课程的激发点，已使我的课程执行力有了一个"华丽的转身"。同时，我更看到了学生身上的变化，他们完成任务的能力越来越强，效率越来越高，他们的智慧也更好地显示出来。我想，这正是课程情感评价给我们带来的巨大改变。

（案例撰写：李胤怡）

案例 5-2

课程情感评价激发教师创造力

一、背景与意义

田子坊课程是我自主设计的原创课程。对于我来说，它就像我"十月怀胎"生的一个宝宝，蕴含了我的创意思路和制作成品。

这门创意手工课程，内容涉及纸工、泥工、编织、布艺、综合材料拼贴等，一方面根据美术课程标准，依据学生年龄特点，对教材内容进行改编和扩展；一方面也是从我本人的爱好和特长出发，参考了许多中外创意手工书籍，加入了一些实用的工艺制作技能。

田子坊课程已实施三年，从实施下来的情况看，学生兴趣很浓，报名名额也十分抢手。在高兴满足的同时，我也有不少困惑：由于创意手工制作需要用到的工具和材料繁杂而多样，我要花费大量的时间和精力去购买、搜集，还要做一些示范样品；即使走班人数有二十多个，但受众面还是偏小，因此总觉得上这门课很累，性价比不高。我将困惑与学校课程领导小组的同事进行了交流,他们从课程情感与认知的评价角度给予了我分析和解答。

二、评估与聚焦

课程领导小组在了解了我的问题后,首先用《教师能动性量规》对田子坊课程进行了评价,具体如下:

表5-7 田子坊教师能动性评定表

评价项目	4	3	2	1	自评	分管评	综合评定
课程设计主动性	根据兴趣主动设计课程,并能在设计中整合学校总体课程目标、专业知识、自身体验、学生实际,深入思考课程方案及内容。	根据兴趣主动设计课程,能在设计中根据学校总体课程目标、学生实际调整专业课程,思考课程方案及课程内容。	能根据任务需求设计课程,并能寻求课程资源,根据学校总体课程目标、学生实际设计课程方案及内容。	能根据学校总体课程目标寻求课程资源设计课程。	3	4	7
课程实施情感	在课程实施中,能有条理地根据课堂实效、学生反馈、专家指导,主动思考设计方案与过程,调整课程内容、实施方式。	在课程实施中,能自我反思,并及时调整课程内容、实施方式。	在课程实施中,能根据要求反思及调整课程内容、实施方式。	在课程实施中,能反思及调整课程内容、实施方式。	3	3	6

依据评价表,在课程设计主动性方面我的自评分是3分,而分管领导却给了我4分,综合分为7分,在学校各类课程中属于高分。这说明我在课程能动性方面表现非常积极,主动开发并实施课程的愿望非常强烈,课程执行力也非常出色,课程领导小组认为我属于学校开发特色校本课程的核心力量。

在课程实施情感的评价指标中,我和分管领导的评分一致,都是3分,也获得了一个不错的综合分。因为在课程实施过程中,我是不断在反思的,尤其是课程内容与不同年龄、不同能力的学生的适切度方面。我也在摸索中积累经验,找到学生感兴趣的同时又能提升其创意思维和实践能力的课程内容。我也尽量在每个内容的教学中,设计学生普遍能做到的基本作业要求,也会拉出梯度,让能力强的学生有发挥的余地。因此,每次作业体现出了丰富性,每个都不同,学生和我都有一些小小的成就感。

虽然在课程设计主动性和课程实施情感方面,我的田子坊课程所获分数不低,但是在教师态度评定量规中,我却得分偏低。具体如下:

表5-8 田子坊教师态度评定表

项目	描述	评分	原因
时间	教师能按时完成课程的设计与实施	8	
参与度	教师能积极参与课程展示各项活动	6	因时间限制,作品当场完成有难度;课内大量时间用于动手操作,作为展示课,缺乏各教学环节的充分体现。
规范度	教师能规范实施课程	9	
课程开发质量	文本设计综合评定	6	受众学生不多; 文本内容存在滞后性,创意制作需要不断变化。
课程执行质量	课堂质量综合评定	7	

评价表中综合分累计为36分,虽归属于态度较认真一类,但我心里明白得分是偏低的。可以明显看出两个方面扣分严重:课程展示和文本设计。我知道课程领导小组的评价很中肯,我也能认识到存在的不足。

对于课程展示,我是有怕麻烦、怕失败的心思在。因为手工制作类的课,材料准备还较容易搞定,只是多花些时间而已,但要让观课的老师觉得整节课设计新颖、互动热烈、作品精彩,是非常有难度的。不像平时上课,1小时之内完不成,可以下节课继续或带回家完成。在展示课中,老师首先要讲解制作内容、示范方法步骤、通过样品启发学生如何有创意地使用多种材料。由于学生年龄小，平时在家也很少做针线、编织的细致活，所以如何穿针引线、如何缝合边沿、如何钉珠子钉纽扣，都要手把手一个个教，等基本技能掌握后方能思考如何与众不同。不光这些，每做一类小物件，都会碰到方法和工具材料的问题。这样的制作，有点师傅带徒弟的意思，需要的是耐心。但碰到展示，这是真正让我犯难的，这也是造成我展示不积极的根本原因。

在文本设计方面我确实存在"逃避"的心理。因为创意手工讲究方法、步骤，每人用相同的材料和方法，却可以制作不同形象的物品。落实到文本，需要大量的步骤图片和范例图片，这在课程实施之后完成相对方便，在课程实施之前做这些，需要花费相当多的时间和精力。创意的东西日新月异，往往文本的东西刚呈现，它已经是滞后的了。另外还有主观上的原因，因为田子坊课程的受众人数少，文本编写成本大且容易淘汰，我觉得性价比太低，这也造成了我的动力不足。

三、改进与提升

两轮田子坊课程结束以后，由于工作需要，我代替另一位教导负责全校拓展课程的实施。在报名阶段，我发现美术、手工类的课程都非常热门，每个年级都要进行定额配置，没能参加的学生表示很遗憾。因此，我想是否有办法让全校学生都有机会参与到创意实践中来？

1. 从"田子坊"到"创智坊"，拓展学生受众面。

每周一的升旗仪式上都会听到全校同学大声喊出二中心的学生培养目标：做有理想学做人、有能力勤探究、有智慧会学习、有情趣懂生活的新时代的小学生。如何化口号为行动，我想除了关注他们的身心发展和学业水平之外，还应该重视现在的孩子所缺失的生活能力的培养，并在实践过程中发展他们的创意思维能力，提高其动手解决问题的能力，力求为孩子美好的童年留下宝贵的、能让其享用一生的财富。基于这样的培养目标，我一直在思考如何将田子坊课程推广到全校。正巧，原卢湾区教育局开展了学校创意空间项目申报活动，我与学校领导商量，是否能将一间空教室设计成创意实践活动专用室，这一想法获得批准，方案通过专家审核，获得了一笔专用经费,用于装修、购买设备和耗材。为了让学生实践活动更加贴近生活,实践室设置了两个功能:创意厨房和创意手工。运作方式是学生在此活动一天,上午做食品,下午做手工。经过几年的运作,逐渐形成了全校性的学生一日创意实践课程——创智坊。创智坊是一门跨学科的综合课程,它以创意实践为核心,从"创意厨房"和"创意手工"两方面入手,以学生设计能力、选择能力、制造能力为切入口,根据不同年级学生的年龄特点、兴趣爱好、心智发展水平等,制定阶梯式课程。借学校创意空间设计项目,我将教育理念转化为实际行动,打造了这样一间创意实践教室,课程设计与实施实现了自我预期,学生体验到了丰富的课程内容,在创智坊一日实践活动中感受到了快乐的情感,学会了很多生活小技能,发挥出自己独特的创意,成果质量达到预期。

从田子坊到创智坊是一个不断优化的过程,解决了受众少、工作量大的问题,田子坊课程中一些学生喜欢的课程内容被保留下来。在课程领导小组的大力推动下,在全校班主任、家长志愿者的集体智慧付出和全情投入下,创智坊课程的内容越来越丰富,甚至改变了一些老师的生活态度,增添了他们的生活情趣。

2. 文本相对固定,局部灵活调整

创智坊课程在全校范围铺开实施,参与的老师就多了。我们联合五位年级组长,讨论五个年级十个学期二十项的活动内容,考虑到学生的年龄差异,由简入难,逐步提升。保留部分田子坊课程内容,根据中国传统节日和实际生活需求,创智坊增加了许多新的项目,如做汤圆、包粽子、饼干烘焙、插花、乐高机器人、模型拼搭等等。由年级组负责文本设计、照片拍摄、活动报道,我和后勤组负责材料准备。到下一轮实施之前,我们又会邀请年级组长进行商议,总结上一轮实施下来的经验,提出改进意见,删掉效果不理想的内容,增加新的更受欢迎的项目。还有,即使在同一轮的实施过程中,每个班级的班主任也可做出微调,使班中学生的作品有别于其他班级。这样既固定又灵活的做法解决了我的文本设计问题。

反思这些年的课程发展之路,我们设计出的创智坊课程内容与学校课程总体目标高度匹配,充分考虑到了学生的年龄差异、能力差异,为学生设计了一步步提升的阶梯。创智坊课程受到了很多学生的喜爱,这门课程已被评为上海市优秀拓展型课程,并在寒暑假对社会开放。

正是课程的各项评估工具，促使教师对课程进行优化，使得学生受益面更广，学校办学特色更明。由此可见，L-ADDER课程分级评估工具对于教师设计课程、优化课程是有指导意义的。

（案例撰写：俞瑾）

案例 5-3

价值感评价推动优质课程成长

一、背景与意义

金贝贝理财是我从2007年起设计开发的一门拓展型校本课程。当时适逢我校开始进行课程改革，鼓励教师结合自己的兴趣特长自主开发各类校本课程。因我校有教学生学商的历史，课程设计之初就受到学校领导们的鼓励和支持。经过几轮的课程实施尝试，课程内容不断修改和完善，在2010年终于印制成学校内部使用的理财教材。

针对课程开发过程中的一些教育问题，我还主持申报了《小学生理财教育课程的设计与实施》的教育科研项目，该项目在市、区均获得立项，并在2011年荣获上海市校外教育论文三等奖，2012年获上海市德育协会科研成果二等奖，2014年课程入选黄浦区区级优秀共享课程。在同事们看来，这门课程无疑是我校早期课程改革中开发较为成功的课程。不过对于课程的成功，我经常说是被学校推着发展起来的，从开始课程设计方案被选中然后正式实施到后面逐步完善优化课程以及后来的向外推广课程辐射课程，都有一只无形的手在背后推动着我前进，这只无形的手就是学校的课程项目的推进。我校的课程项目从开始的"阶梯式智慧型课程的构建"到"优化"，再到当前的课程评价体系的建立与实施，每一阶段，我都会根据学校的课改目标对设计的课程进行相应的修改与完善，虽然每一次修改都是痛苦而纠结的脑力战斗，但看着自己喜欢的课程越来越有课程的样子，成就感也油然而生。

不过，每个教师的兴趣爱好不同，教师的兴趣爱好与学校的阶段办学目标正好匹配也是可遇不可求。如何激活每一个教师的兴趣，让教师在教改、课改等教育领域发挥能动性，带着这一问题，我参加了学校的课程教师情感与认知的评价小组，我发现价值感评价具有推动教师与课程成长的秘密功效。

二、评估与聚焦

在我校设计的教师价值感评价评定量规中，主要有"匹配度"、"实现度"、"成功度"三项评价指标，具体指标内容及金贝贝理财课程接到的学校课程领导小组反馈情况如下：

表5-9 金贝贝理财教师价值感评定表

评价项目	4	3	2	1
匹配度	课程设计与实施与学校课程总体目标匹配	课程设计与实施与学校课程总体目标基本匹配	课程设计与实施与学校课程总体目标部分匹配	课程设计与实施与学校课程总体目标匹配度不够
	成为了区域特色课程	成为了学校特色课程	成为了学校课程	课程开发未通过
实现度	课程设计与实施实现了自我预期	课程设计与实施基本实现了自我预期	课程设计与实施部分实现了自我预期	课程设计与实施没有实现自我预期
	学生成果质量达到了预期，有优秀作品	学生成果质量达到了预期	学生成果质量一般	学生成果质量较差
成功度	教师课程获得了市区肯定	教师课程获得了校级肯定	教师课程被评为合格	教师课程被评为不合格

金贝贝理财课程在"匹配度"和"成功度"上评价分值较高，"实现度"得分一般。通过与课程领导小组共同讨论分析，我对金贝贝理财课程的得失分情况进行了细致分析，认为本课程存在以下得分点和失分点。

表 5-10 金贝贝理财价值感得分失分表

评价项目	得分点	失分点
匹配度	理财能力是未来公民的必备素养,且学校创立之初曾有金融教育的历史。	
	课程开发与教育科研结合,课程内容丰富、结构完整,有系统性。	
实现度		课程在学生群体中宣传不够,知晓率不高。
		没有充分关注儿童的视角和兴趣点,课程实施的有效性可以进一步提升。
成功度	课程被评为区级共享课程。	

根据课程领导小组反馈,分析自己的得分点主要得益于在课程开发的过程中,做到了以下两点:

(一)匹配学校课程发展规划,做自己感兴趣的事

教师的课程是否符合学校的发展规划方向,课程是否符合学校甚至区域的发展特色,教师可以通过匹配度指标对自己设计的课程进行评价和分析。不过在我看来,匹配性更重要的是对课程的起始点进行指引,即教师的兴趣爱好匹配学校课程发展规划。

新教师入职的时候,都会说到热爱教育事业,但是教育事业的内容其实相当宽泛。很幸运,我不但热爱教育事业,而且发现了自己特别喜欢研究的教育问题,尤其是"教师应该教什么"、"学生应该学什么"的问题。在学校组织教师开发拓展型课程的时候,我回顾了自己作为学生的近二十年,发现缺乏理财教育,就想着是不是让这种遗憾不要出现在我教的学生身上,于是在学生中做了一些基础的调研后,金贝贝学经济这样一门新兴的小学生理财课程开始实施了。我想很多老师都有自己感兴趣的事,但是很多时候,这种兴趣仅仅停留在想的阶段,不能冲破想的禁锢去现实中实施,难以释怀的最后恐怕就到了价值感的另一头——无限的遗憾和沮丧了。其实教师的兴趣爱好中一定不乏与教育相关的事,不妨将自己的各种兴趣爱好与学校的课程发展目标相匹

配，找出互相契合的地方，大胆尝试，届时这种想想的兴趣就会在学校发展的车轮中带动起来，走向实施，并且一步步成长起来。

（二）实现做好自己的课程，成就自己的课程价值

设计一门课程，首先要努力把课程做好。在课程的设计之初，我查阅了大量的国内外儿童理财教育的相关文献资料，结果发现当时国内可供借鉴参考的小学生理财教育案例居然几乎空白，仅搜索到一些欧美韩日等国开展儿童理财教育的经验和示例，因此课程设计难度非常大，只能是一边实践一边摸索；课程教材的编写和完善，也是不断地通过教学实践进行反思、来回修改，并就教材的框架结构与学校聘请的教科院专家反复探讨推敲。金贝贝理财课程项目获得一项又一项的荣誉，与之前想要做好课程而付出的辛苦和努力是分不开的。

教师价值感评价表中的成功度指标将教师的课程成功度按照课程的影响范围划分为四个等级，其实这种教师课程的成功度就是教师对自己开发课程，特别是好的课程的一个不同层级的推广和分享。所以每当学校迎来各个层面的参观团进行交流探讨时，我都毫无保留地和他们分享我的课程设计方案，比如开设哪些理财内容，我又是如何去实施的。看到自己做的事情能够被更多的同行认可和接受，甚至被社会各界关注和认同，这种成就感让价值感来得更加厚重。

实现度指标反映了教师课程设计与实施中自我预期的实现情况以及学生学习效果的达成情况，金贝贝理财课程得分一般，主要表现在学生对课程的内容不了解，选报该课程的比率不高，以及教师课程目标的实现度未完全达成。具体原因分析如下：

（一）宣传意识不够强，认为"你若盛开，清风自来"

一直以来，对自己开发的课程虽然都是持分享的态度，但是缺乏对课程的主动宣传和介绍，忽略了孩子们在未学习理财课程之前，其实并不知道这是一门什么样的课程，以及学什么、怎么学，甚至他们会误以为该课程很难，距离他们的生活很遥远。所以，学生选择课程的时候，如果不是家庭父母的理财教育意识强，自行申报该课程的学生不多。

（二）对儿童的视角、儿童学习的过程认识不足

课程实施中，大多数时候我都是依据自己的思维设计教学过程，开展教学活动，从

成人的角度选取儿童理财教育中需要学习和关注的东西,对儿童的视角、儿童感兴趣的东西关注度不够,对儿童学习的过程中儿童的思维认识不足。

三、改进与提升

和课程领导小组对课程的得分点和失分点进行剖析后,我对课程未来的实施进行了一些调整和改进,并且很快收到了成效。

（一）提升学生的热情,提升课程热度

以往课程的推广主要通过学校的选课单通知,以简要的文字向学生介绍课程的名称和主要内容。选择此课程的学生多半是接受从事金融相关工作或者对金融理财感兴趣的父母的建议而选择了该课程,而大多数学生家长对理财课程了解不够,所以学生选报课程的比例不高。在对比价值感指标得分后,教师收集了以往学生课程学习的照片、视频挂在学校的选课系统网站,直观地展示课程的主要内容和课程的学习方式,比如学生们课堂上设计制作的独一无二的账本,访学活动中做问卷调查、参与超市职业体验的照片等,让选课的学生、家长知道这门课程学些什么,怎么学。直观的学习过程和学习成果展示吸引了不少家长和学生的目光,也加深了家长和学生对该课程的理解,报选课程的学生人数一下子就上去了。

（二）关注学生群体热点,优化课程需求

在课程的实施中,我有意识地关注学生群体热点。如在某一个课程主题的实施中,详细地记录这个年龄段的大数据,如学生们更关注的热点是什么,学生们对某一个主题的观点看法具体是怎样的,还有随着社会的发展及教育大环境的变迁,学生以及学生家长对于理财教育有怎样的看法和需求……这些发现让我不断去完善自己的课程。这也会让我发现更贴近学生的思维方式。比如上周在给学生讲解货币贬值现象时,刘同学提到比较买同样的商品需要多少钱来发现货币的贬值,而在以往的教学过程中,我习惯了按照我自己的思维比较同样多的钱能够购买多少商品来发现货币购买力的下降,即货币的贬值。刘同学的思维更接近他所代表的学生群体,按照他的思路解释也更容易让学生理解货币的贬值。将学生关注的各种热点积累起来,课程设计慢慢地更贴近学生,课程预期更容易实现,课程也更优化。

学校课程改革的深化和发展离不开课程的引领人——教师,而教师课程的执行情况需要合适的评价机制,当评价能够促进教师明确学校的办学理念、办学目标,当评价能够激励教师不断地发挥课程能动性及实现教师的个人价值,当评价能够帮助教师发现课程中的不足并指引其改进,最终将成就教师课程的成熟和发展,也实现一个普通教师的课程梦想。

（案例撰写：吴汉红）

案例 5-4

能动性评估提升学生幸福体验

一、背景与意义

韵律活动是小学体育教材中的重要组成部分,它在培养学生的审美观、节奏感和形体美等生理和心理方面的各种素质上都有着不可替代的作用。但是,在实际的日常教学过程中,韵律活动并没有体现出其重要性。作为我校的一名青年体育教师,我正尝试在体育课堂中更多地开展韵律活动,期待以此提升学生参与韵律活动的积极性,同时达到促进学生体质健康的目的。

我设计韵律活动的对象以我校二年级学生为主,教学内容来自于学生较为熟悉的音乐舞蹈视频。在尝试了一段时间的教学之后,为了更好地完善自己的教学,我参加了我校开发的课程情感与认知分析评估小组。据课程情感与认知的分级评估工具所示,教师的能动性、态度以及价值感是促进教师优化课程的重要因素,我以教师的能动性为主对我开展韵律教学活动进行分析与评价,希望进一步优化课程,成就自我动力。

二、评估与聚焦

在课程领导实验室小组的参与与帮助下,以《教师能动性量规》为依据,我们对我的课的教学与设计进行了反思与讨论。在课程情感认知的分级评估量表中,教师能动

性量规主要分为课程设计主动性和课程实施情感两方面。在课程设计主动性方面,根据相应的评分要求,得分如下:

表5-11 韵律操教师能动性评定表

评价项目	4	3	2	1	自评	分管评	综合评定
课程设计主动性	根据兴趣主动设计课程,并能在设计中整合学校总体课程目标、专业知识、自身体验、学生实际,深入思考课程方案及内容。	根据兴趣主动设计课程,能在设计中根据学校总体课程目标、学生实际调整专业课程,思考课程方案及课程内容。	能根据任务需求设计课程,并能寻求课程资源,根据学校总体课程目标、学生实际设计课程方案及内容。	能根据学校总体课程目标寻求课程资源设计课程。	4	4	8
课程实施情感	能调动课堂情感,能提高学生参与度,能全方位考虑课程内容和学生的互动,主动思考设计方案与过程,调整课程内容、实施方式。	能提高学生参与度,考虑课程内容和学生的互动,主动思考设计方案与过程,调整课程内容、实施方式。	能根据课程需求要求,反思及调整课程内容、实施方式。	能反思及调整课程内容、实施方式。	3	2	5

以上述量表为依据,我对自己在开展韵律活动时的能动性自评分为4分,学校分管评分4分,总评分为8分。在课程设计主动性方面,课程领导实验室小组对我能够主动、自觉地实施自己的课程行为,能够根据学校总体课程目标思考课程项目并与自己兴趣衔接给予了我充分的肯定。

兴趣是学习最好的老师。这不仅对于学生学习有效,同样,教师从自己的兴趣出发设计课程,才会有更为出彩的教学内容。韵律,是我的个人兴趣之一。我自小从事艺术体操项目,韵律和节奏伴随着我的成长融入了我的生活。在成为一名体育教师之后,我也希望能够将自身多年的专业技能与知识带给我的学生们。这既是我对自身专业的一份热忱,也是一种自身兴趣的延续。正因如此,在自我兴趣的引领下,我主动地设计了适合授课年级的韵律课程,在设计教学内容以及教学手段上能以培养学生兴趣为出发点,在自己编排动作的过程中也能通过自身经验去设计合理的教学内容,让学生在韵律活动中提升身体运动能力,增强身体素质,同时,把我所掌握的韵律活动知识与技能通过教学教授给学生。设计课程能够与教师的个人兴趣衔接这一点得到了专家组的肯定。

在课程实施情感方面,自评分3分,学校分管评分2分,总分5分。在与学校分管领导进行反思探讨的过程中,课程设计与实施的方面得到了领导的肯定。

1. 巧设计,大乐趣

在教师能动性量规中,教师对学生课堂情感的调动,以及学生在课堂中的参与度都是至关重要的评价要点。在个人兴趣的引领下,我主动积极地设计课程的内容,再配合学校总体课程目标的方向,对课程进行了全方位的考虑与设计。我在韵律教学设计的过程中,在教学内容的难度以及课堂教学的趣味性等方面花了不少心思。从模仿教学,到寻找美的感觉;从基础的学习,到发挥想象改编动作;从个人的动作,到同伴之间的配合,运用简单的游戏、欢快的音乐来带动学生的学习激情,强调学生在课堂学习中的学习乐趣,培养学生的自主学习能力,激发学生的韵律创编能力。这无疑是值得肯定的方面。

2. 专业素养促进主动反思与调整

按照课程情感与认知的分级评估量表中的要求,在课程的设计与实施中,教师要能够及时地调整课程的内容与实施方式。面对课堂设计与实施过程中所出现的问题,我在教学后就及时进行思考,从教学的设计上着手,调整教学的实施方式。这是自我专业素养不断提升的最佳方式,更是从教学中获得情感体验的重要途径。通过一次次的反思与调整,从传统教与学的教学方式改变成培养学生的欣赏能力,激发学生的学习兴趣,从而使课程内容得到了进一步的优化。

教学活动在一定意义上更体现为一种情感的体验过程,教学的有效性完全受制于情感教育的有效性。设计一节课需要教师有一定的教学情感,对上课的内容有自身的感情投入,这也是教师专业素养的体现。出于对韵律这一内容的喜爱和对理论知识的了解，在课程实践中我积极地激发学生的积极情感，从学生的学习表现上观察学生学习的情感变化，不断地调节、影响学生的情绪感受，进而使学生保持高昂的学习热情和学习动力。我深知教师的专业素养不仅仅是专业知识和教学技能，还要求有较高的情感素养。教师只有通过了解、控制、调节自我的情绪感受，才能更好地识别、了解和影响学生的情绪，并在此基础上激发学生的积极情绪，这样才能为教学创造良好的心理氛围。

三、改进与提升

课程情感与认知分级评估量表指出，教师的能动性体现在课程设计与实施的不同阶段。针对课程的设计与实施，在与专家小组的讨论中，我的课程既有值得肯定的方面，同时也存在不少的问题：

1. 用我自身的韵律美带动学生的能动性

此次在设计韵律活动的过程中，我确实能够做到积极主动地投入到教学设计中，也能够在教学内容中结合自己的兴趣与专项。但我在实施教学的过程中发现，小部分学生，尤其是男生对参与韵律活动表现得不够积极。反复思索后，发现这是由于学生对韵律活动的概念认识不够清晰所造成的，他们常把韵律活动与舞蹈混为一谈，因此部分男生和一些表现欲望较弱的学生就容易产生排斥心理。发现问题后，我做出了及时的调整，在课堂中我更多地进行示范，对男生的动作进行细微的改变，让男生了解韵律也有阳刚之气，也能有男儿之美，从而激发学生的学习兴趣，带动学生的能动性。

2. 用我的主动调整激发提升学生的表现力

在另一方面，我对课程教学内容的设计相对而言还是比较欠缺的。我认为只要编排好韵律活动的动作就可以开始教学，却忽略了学生学习的能力，以至于在教学实践过程中，学生对动作的掌握情况和熟练度不统一。由于学习动作、掌握动作的程度不熟练，部分学生的学习热情在教学过程中有所下降，表现力也不足。对此，在课程的实践过程中，我放开了对动作熟练度的要求，转而调整为让学生进行简单动作的组合，学生在学习内容简单调整后，更能够主动地投入到学习中去。

通过分析课程情感与认知分级评估表中的失分点,我得出了优化和提升课程教学质量的改进方向。

当我再次构思设计教学内容时,首先,我在课程内容中设计韵律活动的欣赏环节,普及韵律活动的基础知识,以此让学生正确地认识韵律活动,并激发学生的学习兴趣。其次,考虑到学生的年龄段和性格特征,在教学内容上选择了学生熟知的音乐,配合上简单的韵律动作,提升学生的学习热情。在调整了教学内容设计后,通过实践,我发现,学生的学习积极性明显高于之前,绝大多数学生在参与了一段时间韵律教学活动后都能表现出积极的态度,学生的表现力和自信心也有了显著的提高,在他们的身体动作与表情上,我看到了他们从韵律活动中获得的满足感,同时我也在他们的身上获得了成就感。

这点点滴滴的变化无疑是我校开发的课程情感与认知评估工具带来的。课堂教学总不是一蹴而就的事情。在实际实施教学过程中,我们总能发现问题,而后思考问题,重新设计,积极调整,最后才能优化教学过程。运用课程情感与认知的分级评估量表,帮助教师树立正确的认知,保持积极的情感,从而感受自我价值的实现,才能最终优化和提高课程质量。

(案例撰写:黄晓艳)

案例 5-5

态度评估提升年轻教师的课程实施质量

一、背景与意义

我是一名低年级自然老师,我认为自己在课程实施中充满热情。平时,我积极参与校内教研组备课活动,也积极参加区里组织的教研活动,和老师们一起剖析新教材的内涵。作为一名资历较浅的自然老师,假期里,我会仔细研究下学期的教材,完成每一课的课程设计。每上好一课,也会做相应的调整和反思。三年级开始我校的自然教材从原来的牛津版更换成科教版,这对教学经验不丰富的我来说,更是一个极大的挑战。

教材中有许多需要做实验的地方,我对实验非常感兴趣,但是,实验的难度较大。在课前需要准备大量实验器材;实验过程中,每一个操作步骤都要做到位,每一个细节都需要讲解清楚。特别是到了三年级以后,教材里出现了不少需要学生动手操作的实验。因此,我有了畏难情绪,怎么才能更好地实施课程,一直是我困惑的地方。

二、评估与聚焦

我求助了课程情感与认知分级评价研究组,他们以《课程情感与认知的分级评估量规》为依据,对我的参与度、规范度、课程开发质量等方面进行评价。我找到了一条提升课程执行质量的有效途径。以下是我的课程情感与认知分级评价表:

表 5-12　丁辰教师态度评定表

项目	描述	自评	分管评	综合
时间	教师能按时完成课程的设计与实施	4	5	
参与度	教师能积极参与课程展示各项活动	4	5	
规范度	教师能规范实施课程	4	4	
课程开发质量	文本设计综合评定	3	2	
课程执行质量	课堂质量综合评定	3	2	

从评价表中可以发现,我的自评与分管领导的评价基本持平。我的投入时间较多,能按时完成课程的设计与实施,参与度高,能积极参与课程展示各项活动。但是我也发现,仅仅有热情还不够,态度的认真更要体现在课程实施的质量上。与分管领导交流以后,老师向我指出,光有参与度和规范度还不够,还要落实到开发质量、课程执行质量上。

那么我的具体情况到底如何呢?通过与课程情感与认知的评价组多次讨论,我完成了课程实施情感评价的得分失分细则。

表 5-13 丁辰教师态度得分失分表

评价项目	课程实施情感	
	得分点	扣分点
按时、积极完成课程的设计与实施	仔细研究教材,完成每一课的课程设计。 积极参加区里组织的教研活动。	
教师能规范实施课程	做好每课的调整与反思,鼓励学生、肯定学生。	
课程开发质量		在学生遇到问题时没有及时帮助其解决;在缺乏实验器材时,没有动脑筋想办法。
课程执行质量		缺乏经验,专业度有待加强,自身钻研程度不够。

综合以上评价和要求,我发现了我的得分点主要是以下几个方面:

1. 实施课程时尽可能鼓励学生。

自然课的教学与其他学科的最大不同是,将科学知识的传授以实验的过程与方法展示出来。不是重在简单的讲授,而是重在学生体验知识的过程与方法,让其自己去获得,去感知。通过课堂的实验,让学生从不同角度来看问题,在不断的讨论、思考中,学生的创造性思维得到了极大的发展。

2. 实验过程中给予学生肯定。

要让学生课后有兴趣,需在课堂中培养其兴趣。在自然课中设计一些有趣的小实验,就是对学生兴趣的培养,实施过程中,对实验成功的学生多给予充分肯定和表扬。

让他们把自己的收获充分展示出来,让他们产生愉悦的成功体验,充分地感受到付出就会有收获,付出就会得到肯定和表扬,从而使他们在肯定、表扬中建立起浓厚的科学学习兴趣,并由课堂延伸到课后。

根据我的课程情感与认知分级评价表,我找到了自己的得分点,同时,课程情感评价组为我指出了我失分的具体原因:

1. 课程开发不积极，没有动脑筋想办法。

在课程设计上，我增加了许多小实验，以此来提高学生学习的兴趣。但是，在实际教学过程中，由于时间关系，学生动手操作的机会不多。大多数时候，都是老师在前面操作，学生在下面看，通过观察老师做的实验来得出结论。同时，每个实验需要用到的器材各不相同，有些实验器材并不常用，可能实验室没有。遇到问题以后，我觉得完成课程进度就可以了，没有器材的情况下就把实验跳过。

2. 缺乏经验，专业度有待加强。

由于自身专业知识匮乏、教学经验不丰富，平时在课程执行方面都是中规中矩地根据教材来实施，教学方法比较老套，传教式的授课方式使学生的兴趣提不上来。有时候遇到学生的一些生成性问题，并不能在课堂上很好地解答，可能有时候智慧的火花就这样被我无情地扑灭。学生在做实验时，往往会产生五花八门的答案，而对学生为什么会产生这些答案的原因，我没有在课前做到很好的预设。如何把自然课变得更有吸引力，还需要下一定的工夫。

三、改进与提升

根据课程情感评价小组和我的讨论结果，我认识到要进一步提高课程开发和执行力，要从自己的失分点入手逐步改进。实际上，课程开发和执行上的问题主要是由于自身钻研内力不够、缺乏经验造成。针对这些问题，我想到了相应的解决方法：

1. 主动参加到科学实验DIY课程研发小组。

由于实施实验课对我来说有一定的困难，因此，我主动参加到科学实验DIY课程研发小组，来提高上好实验课的技能。科学实验DIY是我校智慧型课程校本教材中的一册，教材中包含一个个生活中的科学实验，配套的实验器材都是常见的生活用品。参与到课程研发，让我了解了小学阶段学生应该掌握哪些小实验，实验的要领有哪些，如何让学生在玩游戏的过程中学习科学知识。我把自然教材中实验所要用到的器材进行了梳理，从材料包中找到可以用的器材，正好解决了实验室器材不足的问题。从仅仅追求完成进度，到自己寻找器材给学生多动手的机会，我的态度发生了巨大的改变。

2. 主动学习最新的科学学习方式。

只有结合科学的学习方式,才能使课程执行质量提高,于是我融入了"做中学"的科学方法,在课堂上尽可能让学生自己动手,在实践中观察和思考,自己得出实验的结论。即使实验做得不完美,也是一次锻炼的机会,再不断改进实验方法,从而得到理想的结果。学生只有通过不断观察,才能发现问题、解决问题,同时与他们的生活实际相联系,学以致用。老师也从主角的地位变身为辅导者的角色。

3. 主动向经验丰富的老师请教。

教学经验不足,使得有时候我对课堂上的一些生成性问题不能及时应对。在我们学校有许多经验丰富的老师,我利用课余时间,来到老教师身边讨教经验。他们会告诉我哪些内容是教材中的重点,需要讲得详细;哪些地方则作为拓展内容,开阔学生的视野;哪些知识点学生特别容易混淆……不仅如此,在他们身上我还学到了扎实、严谨的教学态度,即便对教材已经非常熟悉,仍然精益求精,对每一堂课程的设计都花心思,力求做得更好。

教师的态度取决于教师在课程设计与执行中的参与热情,肯花时间、参与度高说明我有热情,但是在遇到困难时,我应该用更积极的态度去解决,愿意为之付出更多的劳动和智慧,从而提高课程开发和执行的质量。教师的态度是优化课程质量的保障,通过评价教师的态度能肯定优秀教师的付出,也鞭策我进一步努力。我在课程实施中的问题,不是不够规范、不够积极,而是课程设计与实施的质量上还有待提高。

(案例撰写:丁辰)

第六章　课程反思与调整的分级评估

> 教师是学校课程改革的真正研究者、思考者、实践者。对教师来说,有了一次次的反思,课程意识才得以觉醒;有了一次次的调整,课程表征才会得以优化。运用课程反思与调整评估工具,促进教师对课程实践进行考察,对自身的课程行为表现进行回顾、诊断、监控和调试,对不恰当的行为、策略和方法进行优化和改善,才能优化课程产品,提升课程能力,适应不断变化着的课程变革诉求。

教师是学校课程改革的真正研究者、思考者、实践者。对教师来说,有了一次次的反思,课程素养才会有进步;有了一次次的调整,才会有越来越优质的课程。

运用课程反思与量规调整进行课程的反思与调整,能促进教师自身对课程实践进行考查,对自身的行为表现及依据进行回顾、诊断、自我监控和自我调试,以达到对不恰当行为、方法和策略的优化和改善,提高课程设计与实施的能力和水平,并加深对教学活动规律的认识理解,从而适应不断发展变化着的教育需求。同时,真正解决了课程实施过程中遇到的疑难杂症,课程教学的有效性也得到了充分保障。

一　构筑课程反思与调整的审视平台

构建教师反思与调整能力的分级评估,其目的不是为了约束教师行为而建立条条框框,而主要是为了探索科学、合理、有效地帮助教师进行课程实施与调整的行为导向

的依据。对教师反思与调整能力进行分级评估,其功能在于:

第一,可以激发教师的反思意识。能够引起教师对自身职业行为的关注和审视,这种反观自身的行为正是教师反思意识觉醒的过程。

其二,提供教师反思的平台。评价总会形成一定的结论,使教师知道"我已经怎样",构成了反思行为的起点;同时,评价总要依据一定标准操作,这为教师反思提供了目标和参照系,使教师知道"我应当怎样"。起点与目标相结合,构筑了教师反思的平台。

其三,提高教师的反思能力。可以促进教师对自己课程实践的考察,对自己的行为表现及依据进行回顾、诊断、自我监控和自我调试,以达到对不恰当行为、方法和策略的优化和改善,提高课程设计与实施的能力和水平,并加深对教学活动规律的认识理解,从而适应不断发展变化着的教育需求。

其四,强化教师的反思行为。反思并非总能对教师成长起到正向作用,通过评价对教师反思行为的实施效果加以肯定或否定,加以正向或负向的强化,有利于教师反思行为的调整和优化。

二 开发课程反思与调整的评估体系

(一) 如何评价教师是否具有自我反思与调整的能力

1. 能从自己的经历中发现自己。也就是教师通过自我认识,进行自我分析,从而达到自我提高的过程。它首先需要教师具有一定的自我认识能力,包括对自己的教学工作、专业水准、人际关系等多方面的素质和能力有所认识,尤其要充分认识到自己的能力缺陷以及工作中存在的问题;然后还需要有一定的自我分析能力,能够分析自己的不足和存在问题的原因;最后才有可能找到实现自我提高的途径。可见,自我评价过程实质上是教师对自身和现实的反思过程。

2. 能通过学生的眼睛审视自己。从学生的角度反思自己的教学行为及其结果,是教师有效教学的重要保证。许多优秀教师正是通过学生的反应和学习效果来调控自己的课程设计进度和教学实施行为的,并把学生的学习效果作为自己教学成效的日常反思尺度。

3. 能从他人的反馈中检查自己。由于教师职业习惯化的原因,往往会使一些教师在自评的时候难以看到自己教育教学行为中的"盲点"。与他评相结合,通过校长、教师、学生、家长等多渠道获得的信息可以最大程度地减少这种现象的产生,帮助教师发现被思维定式和习惯掩盖的问题。所以教师在自我反思的同时,开放自己,主动与教学伙伴进行合作性的切磋和讨价还价式的探讨,如教师之间多开展相互听课、观摩活动,不但可以避免闭目塞听、孤芳自赏而成为"井底之蛙",而且能够使我们站在"巨人的肩膀"上高瞻远瞩。只要有可能,不要放过听课的机会,不要放过一些细节。除了要多争取观摩别人的课堂教学,还要研究特级教师、优秀教师的课堂实录,从课堂结构、教学方法、语言表达、板书设计、学生情况、教学效果等各方面,客观、公正地评价其得失。教师对聆听和观摩的每一堂课都要研究、思考、探讨,并用以反思自己的教学,进行扬弃、集优、储存,从而走向创新。另外,教师还要认真反思从学生、家长那里反馈来的信息,及时沟通,在相互了解中达到互相理解、澄清误会和解决问题的效果,这也是形成家校教育合力的有效途径。

4. 能从理论解读中反省自己。为更好地进行课程反思与调整,教师必须借助理论分析。因为系统的理论分析可以帮助教师审视那些教师课程实施过程中的直觉判断和缄默知识,帮助教师认识和理解自己的行为和思想,而且还可以为教师的实践提供多种可能,增强教师清晰地陈述自己行为的理论基础。

(二)维度——课程反思与调整的内容涵盖

教师课程反思与调整有两个方面:一是技术性反思调整——对课程设计的反思。其典型问题包括:该如何理解课程标准规定的新目标?如何尽可能遵循课程教材的内容,或者根据目标稍做调整?如何使教学方法取得最佳效率?如何以学生发展为本,正确评价学生……经常进行课程反思,且每次反思之后都能敏锐地认识到自己这门课程在设计方面的优点与问题;长此以往,对这些反思的结果不断加以整理和总结,从整体上重新规划课程,从细节上不断优化课程,使之尽善尽美,越来越好。二是实践性反思调整——对课程实施的反思。其典型问题包括:在实施过程中,如何使用和侧重管理策略,关注哪些细节,如何保障课程得以顺利实施。比如教学环境的选择、助学材料的提供、学生团队的组建与分工、合作学习的指导、学习成果的展示、教学评价的实施等。对自己这门课程的实施效果有一个客观、正确的认识,对其优点的发展有一个明晰的思路,对其问题的改进有切实的措施与方法,在此基础上制定出具体而有效的计划并付诸实施。大致可以划分为以下三个维度:

1. 反思与调整课程的教学基本技能行为

教师基本教学技能是教师专业素质的基本要素和基石,是教师从事教育教学工作所必备的职业能力。如今在课程实施的过程中,教师的基本教学技能又加入了许多新的元素,如:对课程目标的掌控,对教材教学内容的熟悉,教学方法的适切度和创新,对教学环节的流畅性和完整性的把握等等。因此在设计量表时,对于这些因素都进行了考虑,保证指标设计的合理性。

2. 反思课程理性提升行为

反思仅仅停留在技术层面是不够的,很多时候需要专业的眼光去看到教学现象背后的深层次问题,从而找到更好的解决办法,不断优化课程,调整实施的行为策略,这才有助于课程的整体提升,也使教师的专业发展可以找到新的途径和突破口。

3. 反思课程促进学生成长行为

努力以建构主义理论为指导,探索新型的课堂教学模式,充分体现学生在教学过程中的主体地位,尊重学生的自觉性、主动性和创造性,把学习的主动权交给学生。学生积极参与教学,课堂气氛活跃。反思是否积极引导学生主动思考、主动探究,培养学生的自主学习能力和创新思维能力,达到学生成长目标。

(三) 评价指标

表6-1 课程反思与调整分级评估工具量规表

维度	评价指标	评价等第与标准		
		一般	良好	优秀
各类课程反思的共同评价标准	反思课程教学基本技能行为	认真研读教材,能在知识体系中合理定位新旧知识的逻辑关系	能按照单元教学目标设计每个课时的教学目标。	能按照知识与技能、过程与方法、情感与态度三个维度对教学目标进行设计。	能从学生发展角度出发,对知识与技能、过程与方法、情感与态度三个维度进行精细、规范的描述。

续表

维度	评价指标	评价等第与标准		
		一般	良好	优秀
反思课程理性提升行为	能结合教学经验,捕捉本课时中学生的学习重点与难点	能简要说明本课时内出现的教学重点。	能简要说明本课时内出现的教学重点1—2个;预测学生较难理解的内容。	对教学重点与难点的阐述具有教师个人特色,体现教师个体思考。
	每一个教学环节都能在教学目标中找到设计依据,每一个教学目标都能在教学设计中得到体现	教学环节流畅,基本符合教学目标的设定。	教学环节流畅,每一个学习活动的设计都能在教学目标中找到依据;教学活动能有效达成教学目标。	能结合教学目标对每一个教学环节进行设计说明;清晰表述教学环节与教学目标的匹配性、相关性。
	在课后反思中对匹配度进行深度思考,并能提出若干调整方式	能撰写课后反思与调整。	能完成300字以内的课后反思与调整,能收录匹配度高与低的片段各一个。	对匹配度较低的教学片段做自我诊断与修改,并及时完成调整,并在下一课时中进行跟进。
	反思问题捕捉准确,针对性强	对需要反思的问题观点模糊。	对需要反思的问题观点明确。	反思内容是教师在课程设计和实施中所遇到的真实问题;反思内容有价值。
	优化课程	能对课程计划进行初步调整。	能对课程计划进行调整,从细节上关注课程。	能从整体上重新规划课程,从细节上不断优化课程。
	行为调整	对自己的实施行为没有正确认知,缺少调整。	能反思自己的实施行为,并加以调整。	对反思问题给出导向性结论和具体、深入、具有可操作性的解决策略。

续表

维度	评价指标	评价等第与标准		
		一般	良好	优秀
反思课程促进学生成长行为	学生评价	对学生的评价单一。	能正确多维度评价学生。	以学生为本,正确全面评价学生,发展其综合能力。
	学生参与	学生参与主动性不强。	因材施教,采用多元化的评价方式调动学生学习主动性。	学生主动参与,积极思考,学生具备自主学习能力和创新思维。

三 课程反思与调整评估的实证研究

反思总结的形式可以是日志、叙事和课程案例,也可以是札记、体会和教学后记等。教师每学期完成规定数量的反思总结,学校用量规进行评定,然后借助网络平台进行展示和交流。

案例 6-1

运用量规进行六朝清谈课程的反思与调整

一、背景与意义

几年前,学校要创建拓展型课程,身为有着丰富教学经验的语文教师,我不仅具有比较深厚的文学功底和文化底蕴,而且对中国历史以及古诗词、文言文有着极为浓厚的兴趣,因此我兴致勃勃地加入到课程设计中。我依托语文学科的内涵及自身对传统经典文化的喜爱,设置了六朝清谈这一课程。

该课程旨在让学生走近经典,阅读短小精悍的文言文和拓展的历史小故事,帮助学生在学习文化经典的过程中潜移默化地习得相关的语文、历史知识,汲取有价值的精神养分,唤醒学生的生命激情,激发学生对中华传统文化的喜爱与兴趣,感受中华文化之博大精深。同时,六朝清谈这门课程还希望给予学生一定的平台,让学生在读读、说说、演演中,提高言语表达能力,并能针对故事中的人物、事件发表各自的看法,锻炼培养学生的思辨力、创造力,更重要的是通过拓展相关的历史知识和人文事迹,培养学生的人文情怀,引发学生对历史人文的思考、探寻与追溯。

课程设计初始,我总认为拓展型课程只是学校基础型课程以外的一个"附属品",无关紧要,因此教学目标也只是制定为让学生初步了解短小精悍的文言文和历史故事,引发学生对中华传统经典文化的喜爱与兴趣,仅此而已。

课程实施了一段时间后,无论是我自己执教时的经历与体验,还是课堂上学生的反馈和学习效果的呈现,都让我深深感到课程实施过程中存在着不足。而听课老师的评定及他们给出的课堂建议,更是清晰地指出了课程设计和实施中存在的不少问题。

于是,我汇总这些问题,在每次课程结束后都撰写课程案例,尝试反思与调整,想从自己的经历中发现自己,充分认识到自己的能力缺陷及实际课程实施中存在的问题,以期更好地促进课程的顺利实施。例如:课程内容深奥,既没有适切的教学目标,又缺少恰当的教学方法,因此超过了学生所能接受的能力范围;教学方法单一,课堂气氛沉闷,学生缺乏学习兴趣……虽然进行了一定的反思总结,然而事与愿违,收效甚微,自身的课程素养不见提高。我苦于没有一定的标准可以让自己回顾、审视、诊断课程实践的行为表现,以达到对不恰当行为、策略和方法的优化和改善,来促进课程设计与实施得到更好的调整与改进。正在我苦闷彷徨之际,学校课程领导小组给了我一份《教师课程反思与调整量规》。

二、评估与聚焦

鉴于此,我豁然开朗,心中有了一定的想法,就以学校提供的《教师课程反思与调

整量规》为依据,针对以往的反思行为实施效果,将聚焦点放在"学生评价及参与度"的评估上,具体要点如下:

1. 课程实施中是否能正确、多维度地评价学生?
2. 课程实施中是否以学生为本,促进发展学生的综合能力及素养?
3. 教师是否因材施教,采用多元化的评价方式激励学生主动参与、积极思考?

我又经过几次与教学同伴的合作讨论与交流,完成了六朝清谈这门课程的反思与调整自评表。

表6-2 六朝清谈课程反思与调整自评表

维度		评价指标	评价等第与标准		
			一般	良好	优秀
各类课程反思的共同评价标准	反思课程教学基本技能行为	认真研读教材,能在知识体系中合理定位新旧知识的逻辑关系			√
		能结合教学经验,捕捉本课时中学生的学习重点与难点	√		
		每一个教学环节都能在教学目标中找到设计依据,每一个教学目标都能在教学设计中得到体现		√	
		在课后反思中对匹配度进行深度思考,并能提出若干调整方式		√	
	反思课程理性提升行为	反思问题捕捉准确,针对性强			√
		优化课程	√		
		行为调整			√
	反思课程促进学生成长行为	学生评价			√
		学生参与			√

从自评表上"反思课程促进学生成长行为"这一维度来看,我自评的等第为"优秀"。六朝清谈这门课程在实施过程中的一部分评价是结合学习目标达成度,在课堂上由作为教师的我评定完成。另一部分的评价则是学校以网络为平台,完善拓展课程

的选课报名、教学实施及课后评价的网络体系上传后,依据学校对课程的更新要求,对课程的学生评价这块进行改进。还有一部分的评价,我设计了课后评价表——"乐淘丫"上传至网上,鼓励家长积极参与到学生学习评价之中。家长的参与促进了学生的学习,同时教师也能借助家长提供的信息及时了解课程的优势和缺陷,促进了教师的反思,也为课程的进一步改进与提高提供了有利途径与渠道。同时,在"反思课程教学基本技能行为"这个部分,我给出的自评等第为"一般",主要问题表现在:

1. 没能结合教学经验及基于学生起点,捕捉学生的学习重点与难点

该门课程的主要授课对象是我校三年级学生,教学经验告诉我,这个年龄段的学生在小学阶段属于中年级段,在以往的学习中他们接触较多的是现代文的阅读与学习,就现代文的正确朗读而言,三年级学生也不能做到人人过关,加字漏字的现象还会时常出现,更何况正确朗读拗口的文言文,且这些短小精悍的文言文学生还从未接触过。然而,我在设定课程的学习重点时没有充分关注这一教学经验,将"理解文言文故事的内容,并积累背诵一些精彩的词句"设定为学习重点。显然,我没有进行深入的思考,没有基于学生的起点,学习重点的定位不够精准适切,有任意拔高的趋向,没有基于标准,且将重难点混淆。因此,课程实施过程中我也是仓促赶场,收效甚微,课程的价值无法真正体现。

2. 每一个教学目标并没有在教学设计中一一得到很好体现

量规中对这一评价指标"优良"等第的阐述是"教学环节要流畅,每一个学习活动的设计都能在教学目标中找到依据,教学活动能有效达成教学目标"。六朝清谈这门课程在实施过程中,我较为关注的是学习活动的设计能促成学习重难点的落实与达成,而没有综合考虑学生表达能力、语文能力的差异性,没有运用学生喜闻乐见的方式来设计学习活动,组织学生有效学习,从而激发他们敢说乐说的表现欲望,培养学生的言语表达能力。纵观自己的教学实践行为,有时由于时间的限制与约束,草草了事,没有由此及彼,由内而外,给予学生更多的拓展学习空间,使之完成一定的文化积淀与累积,达成"激发其对传统文化的兴趣,并有主动学习的热情"这一目标。

当然,在"优化课程"方面我自然也存在着不少问题。

三、改进与提升

综上所述,依据对照量规,经过反思评价,我形成了一定的结论,知道了"我已经怎样",未来"我还应当怎样"。我明白了究竟应该关注哪些课堂细节才能保障课程得以顺利实施。在自我反思的同时,我还开放自己,又几次主动地与教学伙伴进行合作性的切磋和讨价还价式的探讨,经过几个回合的讨论,综合大家的意见,对课程设计与实施进行了全面的调整,明确了自己改进的方向。主要改进如下:

1. 课程学习重难点要把握准确,定位清晰。要能够借助已有经验,基于标准制定课程学习目标。基于课程教材和学情分析,从"知识与技能"、"过程与方法"、"情感与态度"这三个维度出发,我调整了课程学习目标,制定如下:

(1) 能正确朗读文言文,初步了解故事背景。

(2) 理解文言文故事的内容,积累背诵精彩的词句,并将理解的故事进行表达。

(3) 能针对故事中的人物、事件发表自己的看法,以古鉴今,养成好品性。

(4) 能运用读、说、演中的一种方式来表达所学的文言文故事,激发学生敢说乐说的表现欲望,培养学生言语表达的能力。

(5) 在教师的帮助下,由课内延伸至课外,了解相关的历史人物和人文事迹,激发对传统文化的兴趣,并有主动学习的热情。

并将课程学习目标(1)设定为学生学习的重点,这也是所有学习目标的基点,只有达成此目标,整个课程教学才能顺利实施,所制定的后续目标才能逐一完成。对三年级学生而言,文言文的理解没有一定基础,存在难度,因此课程学习目标(2)就成为了课程教学的一个难点。学生在理解故事大意后,还要将理解的故事表达出来。根据学生学习能力的不同,我设计了难易程度不同的分层表达方式(读一读故事,说一说故事,演一演故事)供学生选择。这是训练学生言语能力、评估学生学习成效的一个教学难点。

2. 每一个教学目标的达成要通过具体的、行之有效的方法来实施,教学活动的设计显得尤为重要。经过不断的反思研究,我逐步改善教学活动的设计,除了学习重难点的有效落实外,还试图通过学生喜闻乐见的方式将其他学习目标也逐一落实,要将沉闷的课堂变成一个有趣味、有成效、有动力的课堂。

六朝清谈作为一门依托于语文学科的课程,有助于学生语文能力的提升,特别是言语表达能力的提高,激发学生敢说乐说的表现欲望也是此课程所要达到的教学目标。我试图在学习的最后阶段用学生喜闻乐见的方式设计"自我展示环节",起到了很好的效果。学生可以在读故事(读文言文故事)、讲故事(根据文言文故事内容编故事讲,用上一两句文言文)、演故事(两三个同学合作编排文言文故事)这三种表现形式中选择一种喜欢的方式来演绎学习的文言文故事。教师和同学根据要求,结合学生的表现给予评定和奖励。学生们都很喜欢这个展示环节,特别是男孩子很积极,表现得很活跃。

虽然每一课时只针对一个文言文故事展开,但由故事的背景、人物的社会关系及故事中出现的小典故而延伸出来的内容也非常丰富。我尝试课内外联系,拓展延伸学生的学习空间,让学生学有所得,由此激发学生对传统文化的兴趣,并使其产生主动学习的热情。

例如教学《绝妙好辞》这一课时,学生一定会对文中出现的人物加以询问:杨修是什么人？也会对文中出现的"曹娥碑"有诸多疑问(曹娥是谁？为什么要为她立碑？谁立的碑？碑文写了些什么？碑后面的八个字又是谁写的？)。于是我又扩展了许多相关内容。

学生在课中得到的历史人文知识的摄入远非只局限于一个小故事。文化的吸收和感染也能使学生更热爱传统文化,爱之必多读多看,久而久之便会"腹有诗书气自华"。

就这样,经过反思调整,我惊喜地发现,在课程跟进实施中,无论是学习重难点的捕捉还是学习目标的落实都有了很大的进步,自身一些不恰当行为、方法和策略都得到了优化和改善,课程变得越来越成熟,越来越完善,课程的实施也变得越来越顺利,越来越有效。

同样,我又针对"优化课程"这一评价指标,进行了自我评定,具体如下:

1. 课程资源编排要从整体上重新架构,做出相应调整与优化。

2. 要以学生为本,尊重学生的年龄特点和实际的学习情况,根据学生的已知,合理定位新旧知识的逻辑关系,删减繁复资源,增补熟悉资源。

当然,我又做了进一步的调整,改进如下:

由于本课程面向的是三年级学生,他们从未接触过文言文,对这种文体极为陌生,因此我重新调整了课程资源内容,增补了一些短小精悍、学生颇为熟悉且贴近学生生活喜好的文言文故事。经调整,课程资源内容多选自蔡志忠的漫画系列丛书之一——《世说新语·六朝的清谈》中的画文相配的故事,分为四个单元,分别是:品德心性单元(8篇)、才华机智单元(6篇)、文字趣味单元(6篇)、处世之风单元(8篇)。其中就有学生们非常熟悉的故事,如七步诗、望梅止渴等等,学生在学习时借助已有知识兴趣盎然地投入到对新知识的学习中。

就这样,运用量规进行课程的反思与调整,可以使个人的课程素养也变得越来越进步,能促进自己对课程实践进行考查,对自己的行为表现及依据进行回顾、诊断、自我监控和自我调试,以达到对不恰当行为、方法和策略的优化和改善,提高课程设计与实施的能力和水平,并加深对教学活动规律的认识理解,从而适应不断发展变化着的教育需求。同时,真正解决了课程实施过程中遇到的疑难杂症,课程教学的有效性也得到充分保障,六朝清谈这门课程的实施也日趋完善与优质。

(案例撰写:吴蔚)

案例 6-2

课程反思与调整的分级评估研究
——小学数学三年级乘法计算中的奥秘案例研究

一、背景与意义

乘法计算中的奥秘是沪教版小学数学三年级第二学期"整理与提高"单元中第一课"乘与除"的一道练习题。教材设置用9、8、4、3这四个数字让学生造两位数乘两位数的算式，并使用估算判断、笔算验证的方法找出积最大与积最小的算式。

纵观本册教材，这课是设置在"整理与提高"单元中的第一课，也是本册教材最后一个单元内容，既是对一学期学习内容进行复习，也是对现阶段已掌握知识的思维拓展。本习题教学之前，学生们已经学习了两位数乘法的估算和笔算的方法，基于学生的已有知识经验，教材所设置的目标就是对两位数乘法的估算与笔算的复习使用。

考虑到本课的密度，所以我把教学重心放在寻找"积最大"的算式上。从学生心理上分析，课一开始就出示比较大的数字，学生在心理上会感到困难，所以调整例题数据，先使用1、2、3、4这样的小数字，后使用教材中的9、8、4、3这题。分析新旧知识的逻辑关系后，我决定把"谁围出的面积最大"这课提前，为本课学习埋下伏笔。学生在围图形的过程中发现周长相等的长方形，长与宽的数值相差越小，面积越大。"数与形"结合探究规律，这种规律在乘法算式中同样存在——"当造出的乘法算式符合两个因数和不变，那么这两个因数的差小积就大，差大积就小。"

我先后进行了多次教学设计与对应的多轮试教，以下是针对本教学内容进行的前两次教学过程：

表6-3：教学过程对比表

第一次	第二次
● 第一环节：由旧知"谁围出的面积最大"引入 "当长方形周长是20的时候，能围出哪些长方形？面积分别是多少？" 【教师帮助学生回忆旧知，观察表格中的数据可以发现："周长相等的长方形，长与宽的数值越接近，长方形的面积就越大。"为后续探究"造怎样的两个两位数相乘的积最大"做铺垫。】 ● 第二环节：提出问题 揭示课题 判断：哪一道积大？ 123456789×987654321 123456788×987654322 【从图形到算式，利用猜一猜这道竞赛题的方式激发学生的求知欲并揭示课题。】 ● 第三环节：探究积最大 用"1"、"2"、"3"、"4"这四张数卡造一道两位数乘两位数的算式，使其积最大。 【学生首先运用估算的方法将较大的数字3和4放在十位上，造出31×42和32×41这两个积可能最大的算式。然后通过计算发现每个乘法算式中两个因数相加的和都是73，两个因数相差数有大小的区别，结合数射线演示"两个因数相加和相等，则两个因数相差越小，积越大"。最后学生用笔算竖式计算验证判断的结果是否正确。】 ● 环节四：练习巩固 用"9"、"8"、"4"、"3"这四张数卡造一道两位数乘两位数的算式，使其积最大。 【教师把例题中的小数据换成教材中设置的大数据，学生有了之前的学习经验，来解决教材中的练习就没有了心理压力，并且让学生说出自己是怎么造积最大算式的。】 ● 环节五：变式练习 把22、33、44填入□×(□+□)中，使算式的结果最大。 【这个算式的形式是之前造两位数乘两位数算式的变式题。希望学生能理解把括号内的加法看成一个整体，只要使两个数差小，积就大。】 ● 环节六：解答竞赛题 【首尾呼应，运用本节课已学的方法判断之前的猜想是否正确。】	● 第一环节：探究积最大的算式 游戏一：用数卡"1"、"2"、"3"、"4"造两位数乘两位数的算式。 游戏二：用数卡"9"、"8"、"4"、"3"造积最大的两位数乘两位数的算式。 游戏三：用数卡"9"、"7"、"5"、"6"造积最大的两位数乘两位数的算式。 【三个游戏层次逐步提升。游戏一：学生用估算的方法确定把大数分别放在十位上，造出41×32和42×31，并用笔算竖式验证出41×32的积最大。游戏二：有了游戏一的经验，学生就能立即确定十位放最大的两个数字，只要个位上的数字互换位置，这样就直接聚焦到两个算式上，验证结果就行了。游戏三：学生有了之前两次造算式的经验，一下子就能产生唯一的算式。】 ● 环节二：联系旧知"谁围出的面积最大"发现规律 【把两个因数看作长方形的长与宽，算式的积就是长方形的面积，所以两个因数相加的和相等时，两个因数相差数越大，积越小；相差数越小，积越大。】 ● 环节三：探究积最小的算式 题一：用1、2、3、4造算式，哪个积最小？ 题二：造积最小的两位数乘两位数的算式 女生：数卡"9"、"8"、"4"、"3" 男生：数卡"9"、"7"、"5"、"6" 【把造积最大算式的经验迁移到如何造积最小的算式上，先把最小的数放在十位，调整个位上的数字，可以用估算、笔算等方式验证结果。】 ● 环节四：变式练习 判断哪道算式的积大？ (1) 642×531 (2) 631×542 【这两个算式都是用1、2、3、4、5、6造的，运用本节课已学的方法进行判断。既巩固了对解题方法的掌握，也在形式上进行了提升，从两位数乘两位数到三位数乘三位数。】

二、评估与聚焦

对照我校 L-ADDER 课程分级评估工具中的《教师课程反思与调整的量规》中三个维度的各项评价指标,并结合听课老师们给出的建议,我发现这两次教学过程中出现的主要问题如下:

1. 联系旧知意义不大(表 6-3 的红色部分)

在最初设计理念中,教师一直认为学生能将先学的"谁围出的面积最大"这一知识点与造积最大(积最小)算式联系起来,让学生先从数形结合发现规律,进而抽象到发现乘法算式中两个因数之间的特点,就是把乘法算式中两个因数看作长方形的长与宽,算式的乘积就是长方形的面积,所以两个因数和不变时,相差越大,积越小;相差越小,积越大。

在两次试教后发现,不论是把这个"旧知"当课前引入做伏笔,还是调后新知与旧知联系,学生都没有把两者有机地结合起来。两者结合可能只是我们的一厢情愿,所以在第二次试教后决定放弃这样的设计想法。

2. 需要调整游戏层次(表 6-3 的绿色部分)

教材中只设计用 9、8、4、3 四个数字让学生造两位数乘两位数的算式,并使用估算判断、笔算验证找出积最大(积最小)的算式。设置的目标只是停留在初级方法(估算、笔算)的复习使用,这种方法应该是每个学生都能掌握的本领。

考虑到本课的密度,所以第一次设计教学内容时只让学生探究积最大的算式。从学生心理上分析,一开始就出示比较大的数字,学生们一定会感到困难,所以决定例题就使用 1、2、3、4 这样的小数字,把原本例题 9、8、4、3 作为后续练习巩固。

在第一次试教后,觉得从头到尾只探究积最大算式的秘密,看似降低了难度,学生能掌握扎实,但是学生课堂学习内容的密度太低,并不能让学生将掌握到的造积最大算式的方法迁移运用到如何造积最小的算式之中。

3. 需要改变变式练习(表 6-3 的蓝色部分)

原本变式练习设计"把 22、33、44 填入 □×(□+□) 中,使算式的结果最大"。这个算式的形式是之前造两位数乘两位数算式的变式题。希望学生能理解把括号内的加法看成一个整体,只要使两个数的差小,积就大。

第一次试教后发现两个问题：一是学生并没有使用本节课的方法来解题,还是一味地计算求积；另外,由于无法定某一个因数的高位,也无法调整低位,并不能用今天的高级方法合理地解释这道拓展题。所以应该设计与例题匹配的两个数相乘的算式。

三、改进与提升

有了这些反思,我进行了第三次的教学设计,将本课的教学目标重新进行设定：

【知识与技能】

1. 复习两位数乘法的估算和笔算。
2. 探究乘法计算中的奥秘。

【过程与方法】

1. 在搭配、组合数卡造两位数乘两位数算式的过程中,培养学生有逻辑地思考解决问题的能力。
2. 在由易到难循序渐进的游戏过程中,学生体验、发现、运用"和一定,积最大(积最小)时两个因数的特点"。

【情感态度与价值观】

1. 学生体验"猜想——验证——归纳——运用"的数学过程。
2. 学生在小组合作中,共同交流,表达自己的观点。

每一个教学环节都能在教学目标中找到设计依据,每一个教学目标都能在教学设计中得到体现。(如下表6-4：第三次教学设计)

表6-4 教学设计表

教学环节	教学目标对接	教学任务设计
环节一： 探究积最大的算式	【知识与技能】 1. 复习两位数乘法的估算和笔算。 2. 探究乘法计算中的奥秘。	1. 游戏一：用数卡"1"、"2"、"3"、"4"造两位数乘两位数的算式。 2. 游戏二：用数卡"9"、"8"、"4"、"2"造积最大的两位数乘两位数的算式。 3. 游戏三：用数卡"9"、"7"、"5"、"6"造积最大的两位数乘两位数的算式。

续表

教学环节	教学目标对接	教学任务设计
	【过程与方法】 在搭配、组合数卡造两位数乘两位数算式的过程中，培养学生有逻辑地思考解决问题的能力。 【情感态度与价值观】 1. 学生体验"猜想——验证——归纳——运用"的数学过程。 2. 学生在小组合作中，共同交流，表达自己的观点。	
环节二：算和算差　发现规律	【过程与方法】 在由易到难循序渐进的游戏过程中，学生体验、发现、运用"和一定，积最大（积最小）时两个因数的特点"。 【情感态度与价值观】 学生在小组合作中，共同交流，表达自己的观点。	1. 学生填表格 | 因数　因数	和	差	积
---	---	---	---
41×32			1 312
42×31			1 302
92×84			7 728
94×82			7 708
95×76			7 220
96×75			7 200	 2. 讨论与发现 观察每一组的两道算式，积的大小与两个因数的和、差有什么关系？ 发现：两个因数和不变，差小积大。再调低位要算差。 3. 方法总结 现在又得到了一种求积最大的方法，先定高位，再调低位（算差）。

续表

教学环节	教学目标对接	教学任务设计
环节三：探究积最小的算式	【知识与技能】探究乘法计算中的奥秘。 【过程与方法】在由易到难循序渐进的游戏过程中，学生体验、发现、运用"和一定，积最大（积最小）时两个因数的特点"。 【情感态度与价值观】 1. 学生体验"猜想——验证——归纳——运用"的数学过程。 2. 学生在小组合作中，共同交流，表达自己的观点。	1. 用1、2、3、4造算式，哪个积最小？ 2. 造积最小的两位数乘两位数的算式 女生题：数卡9、8、4、3 男生题：数卡9、7、5、6
环节四：变式练习	【情感态度与价值观】学生体验"猜想——验证——归纳——运用"的数学过程。	判断哪道算式的积大？ (1) 642×531 (2) 631×542

在第三次设计教学时，我再一次根据《教师课程反思与调整的量规》进行调整，主要改进如下：

1. 从学生原有知识起点出发整合估算方法

在三年级第一学期的教材中，估算方法是两端估算，估出算式结果的范围。而本学期，教材中的估算方法变成了一端估算，只要选择一个数估，估出这个算式接近某一个数。

本堂课的引入就调整为从用游戏数卡造两位数乘两位数的算式开始，复习了这些不同的估算方法，只要学生估算恰当，就是正确的估算方式。随着有序思维的展开，学生们造出了12道题，利用学生本学期学习的估算方法作为求最大积的引入，既复习旧知，又为今天的新知埋下伏笔，真正做到了从学生的原有知识起点出发。

2. 教师的语言针对性要强

游戏一的估算过程中，我将教学顺序改进为：先让学生用已经掌握的估算本领估出21×34积的范围,之后让学生用这样的方法找出12个算式中积最大的算式,学生找出两个积可能最大的算式42×31和41×32,并说明理由。

此时,我用针对性较强的语言提出:"21×43的积最大,因为43是最大的两位数。"让学生辨析出"要使积最大,造的两个因数要尽可能大,必须把大数字放在高位"。

这样的处理,学生在后续造积最大的算式时,首先就能想到"把大数字放在高位,先定高位,这样得到的两个算式的积可能是最大的"。一下子都能聚焦到两个关键的算式上,避免了游戏二、游戏三与巩固练习的出错情况。而且环节三学生在12道算式中找出积最小的算式,学生们也能一下子锁定把小数分别放在十位的两个算式13×24和14×23,使课堂活动更高效。

3. 排除干扰调整数据(表6-4的红色部分)

我发现在"算和算差找秘密"的表格中,出现三对算式,两个因数的和与差都是相差2,这只是一个偶然现象,所以决定将9、8、4、3调整为9、8、4、2,排除数据上存在的偶然现象,因此调整环节一的游戏二的数据,希望学生在课堂中能更好地关注到每对算式中,找到差与积的特点。

4. 联系旧知与算和算差的改动(表6-4的蓝色部分)

这次,我摒弃了之前一直想让学生联系"谁围出的面积最大"这个"旧知"的做法,改成在一张表格内,让学生对比三组算式,计算两个因数的和与差,发现"两个因数和不变,差小积大"的这一特点。这样的优化有利于帮助各层次的学生有的放矢地找到乘法计算中的小秘密,即两个因数的和不变时,他们的差越小,积越大;反之,差越大,积越小。

而且在表格的背景色彩布置上,我在指导学生填表的示范上,在学生小组讨论的问题设计上,都设计了面向各个层次学生的问题,为学生的学习搭建了"脚手架",目的是让更多的学生能开启知识的大门。

5. 板书设计理清思路

这堂课对学生的思维要求较高,但面向的是全体学生,并不是"数学特长生",因此帮助学生理清解题思路,让每个学生有所收获,始终贯穿在整个教学环节的设计中。

本课的板书设计体现了学生求两位数乘两位数最大积以及最小积的解题思路。纵看,黑板左边所列的是第一种解题方法,即用估算加笔算的方法求最大积与最小积。

右边所列的是第二种解题方法,即先定高位,再调低位(算差)。横看,这两种解题方法是由易到难,由低级到高级的。

板书的精心设计,打开了学生的思维,帮助学生理清了解题思路,同时又能规范学生的数学语言。

6. 学生练习有坡度

第1级(游戏一)在造出的12道算式中用估算方法找出积可能最大的两个算式,并用笔算结果验证确定哪个算式积最大。

第2级(游戏二、游戏三)在第1级的基础上把大数字放在十位,聚焦到造出的两个算式积可能最大。

第3级(练习)在"算和算差找秘密"的表格中发现特点,一下子锁定写出一个积最大的算式。

第4级(积最小的题)是把造积最大算式的方法迁移发现如何造积最小的算式。

第5级(变式题)是在游戏一的基础上添两个数造出两道三位数乘三位数的算式,运用本课所学的本领判断哪个算式的积大。

运用《教师课程反思与调整量规》,教师能立足于教材,把握教材,挖掘教材。课堂能立足于学生,从学生的原有起点出发,教师动脑筋、下工夫地设计课堂教学环节,为各层次学生的学习搭建平台,提供支架,让各层次的学生都学有所获。

(案例撰写:陈默华)

案例6-3

运用量规对《空气在哪里》一课进行反思和调整

一、背景与意义

上海二期课改以来,将小学自然课程定义为以培养学生科学素养为宗旨的科学启蒙课程。但随着科学技术的日新月异,科学教育所涉及的内容也随之增多,小学自然课程在时空上存在着局限性。因此,拓展学生科学学习的时空,开设一门小学科学校本课程,已是现代教育趋势。在这种背景下,作为科学教师的我尝试开发了课程探索与发现。

本课程依循现代科技与日常生活、科学内容与科学过程、知识教育与能力培养、科学精神与人文精神相结合的设计理念,课程内容以主题的形式设计,每个主题通过一系列活动来组织青少年进行科学学习活动,让学生体验自己动手接触不同物质、材料、器皿进行操作,让学生试着建造一些东西,理解某些科学概念。通过主题活动,让学生尝试与人交流,分享从最初的摸索到完全理解的喜悦,并通过文字或其他方式向他人解释科学道理。

通过一个阶段的教学,我渐渐感到无论教学内容的设置、教学过程的设计还是课程实施中学生学习的效果,都或多或少存在着一些不足。因此,我依据学校《教师课程反思与调整量规》,对每一课时尝试反思与调整,以期更好地促进课程的顺利实施。

二、评估与聚焦

《空气在哪里》是空气主题的第一课时。本课引导学生经历一系列探究活动,让学生在活动中感知空气的存在。

经过第一次课堂实践,我发现了课堂教学中的一些不足。因此,对照《课程反思与调整量规》,尝试着从表中的"评价指标"出发,对教学内容和教学过程做深度的反思。

表6-5 《空气在哪里》一课反思与调整自评表

维度		评价指标	评价等第与标准		
			一般	良好	优秀
各类课程反思的共同评价标准	反思课程教学基本技能行为	认真研读教材,能在知识体系中合理定位新旧知识的逻辑关系			√
		能结合教学经验,捕捉本课时中学生的学习重点与难点		√	
		每一个教学环节都能在教学目标中找到设计依据,每一个教学目标都能在教学设计中得到体现		√	
		在课后反思中对匹配度进行深度思考,并能提出若干调整方式		√	

续表

维度	评价指标	评价等第与标准		
		一般	良好	优秀
反思课程理性提升行为	反思问题捕捉准确,针对性强		√	
	优化课程	√		
	行为调整		√	
反思课程促进学生成长行为	学生评价	√		
	学生参与			√

　　本课时《空气在哪里》通过"感觉空气"的活动,要求学生设想多种方法,运用多种感官感知空气的存在;通过"找空气"的活动,引导学生在经历探究过程的同时,体会到我们周围到处都有空气。空气是我们周围最常见的物质,但难以被人直观感知。因此我设计了本课时的教学内容,让学生体会空气的存在,这不仅有助于激发学生探究空气奥秘的兴趣,而且为下一课认识空气的特征做好了准备。通过学习,让学生感悟到,自然界中有许多物质不能被直接感知,但能想办法间接认识它。因此在自评表上"反思课程教学基本技能行为"这一维度中有一个评价指标"认真研读教材,能在知识体系中合理定位新旧知识的逻辑关系",我自评的等第为"优秀"。同样,"反思课程促进学生成长行为"维度中的评价指标"学生参与",我给出的自评也是"优秀"。在本课教学中,学生人人参与,积极贯彻学生为主体的思想,力求让他们在学知识的同时培养探究知识、获取知识的能力,发挥每个学生手、脑、耳、眼、嘴等功能,让他们动手做一做,动脑想一想,动耳听一听,动眼看一看,动嘴论一论,让他们在动一动中掌握知识、培养能力。

　　但是,对照评价量规,我也发现了许多问题,比如"学生评价"和"优化课程"这两方面。"学生评价"始终是课程开发的一个薄弱环节,本课中同样也存在评价方式单一的问题。教师应该给学生提供评价的机会,营造质疑的氛围,引导师生间、生生间的评价质疑,因为相互间的提问、解释、补充、修正、完善,会让课堂变得更为灵动。其次,教师不能满足于学生对知识的理解或形式的经历探究,而应关注学生思维的发展和观念的提升。本课中对知识的习得做得较好，但是在关注学生的过程体验，渗透科学本质教学方面做得不够，特别是鼓励学生设计多种方案，多途径收集证据以及重视分析解释，将证据转化为实证等环节需要改进提升，进而不断优化课程，让课堂富有思想，充满智慧。

三、改进与提升

对照量规，经过评价，在自我反思的同时，我对《空气在那里》一课的教学设计与实施进行了全面的调整，主要改进如下：

1. 落实重点，突破难点

本课时的活动二"感觉空气"，是本课的教学重点。通过教学实践，我发现学生在"利用多感官体验"上有一定的困难，原先的教学设计中教师不做任何引导，而一味让学生自我体验，很难完成教学重点，因此我对活动设计及时做出适当的调整，教学中教师可引出任务（怎样能感觉塑料袋里的空气），同时给学生提供尽可能多的器材和时间，鼓励学生设想多种方法，利用多种感官感知空气的存在。可以鼓励学生设想各种感觉塑料袋里空气的方法，以培养学生的求异思维能力。例如，用耳朵听或用皮肤感觉袋中空气的存在，在塑料袋上搓孔，挤压塑料袋；将纸条放在小孔附近，纸条飘动，说明塑料袋里有空气流出。又如，将脸贴在小孔处，挤压塑料袋，感觉脸上凉嗖嗖的，说明塑料袋里有空气流出。

通过教学，我还发现，如何让学生"看到空气"这一环节，是本课的教学难点，始终较难突破。反思教学过程中出现的问题，我做出如下调整：设计一个观察实验，塑料袋放入水中，小孔置于水下，看气泡。让学生感悟，借助水能让我们更清晰地看到空气，进而启发学生想出更多的借助其他物体看到空气的方法，如借助洗洁精，借助肥皂水等。

2. 调整行为

通过教学发现，在材料的选择上，我们教师还特别需要注意它的难易度。在注重目标达成的同时，我们要多关注孩子本身操作的能力。哪些是孩子容易操作的，哪些是需要我们教师辅助帮忙的，心中一定要有数。在捉空气的时候，他们是跑动了起来，很好地让塑料袋充盈了起来,但就在扎住的环节失败了,孩子手的力量及把控力还不是很好,这时应该借助老师的力量,或许会好一些。这样,孩子最后在将扎好的口对着自己时,就更能感受到空气的存在。其次,在课堂中,对概念性问题与要求进行强调时,应"收"回来,保证学生听进听懂;而探究环节应"放"出去,让学生发散思维,取得探究实效。

3. 优化课程

本课时中的第三个活动"找空气",教师不能单纯地提供几个物体,让学生借助水看到物体中存在着空气,而应该从课程的整体上重新规划,从细节上不断优化课程。教师可提供学生熟悉的物体,如粉笔、辣椒、海绵吸管,让学生充分探究,探究物体里面是否有空气,体会空气无处不在。预测——设计实验方案——小组实验并记录——引导学生深入分析实验现象,对出现的不同的实验结果做出解释。如,水泥块放在水中时间长了,气泡看不见,那么干的水泥块,一放入水中,气泡能看见吗,为什么会产生这种现象?又如,为什么横着将吸管放入水中,我们能看到气泡,竖着将吸管放入水中,却看不见气泡?为什么辣椒不捏就看不见气泡?最终得出结论。让学生经历像科学家一样开展探究活动的过程,激发学生高阶思维,培养其认真仔细观察的科学态度。这样的课堂教学才能真正体现课程的价值。

4. 丰富学生评价方式

经过前次的教学实践,我发现评价方式过于单一。因此,我及时加以改进。首先,课堂以一张实验记录单呈现,将学生的预测与实验结果真实体现在表格中。其次,课堂上我与学生的互动中,对于回答正确且有自己创意的同学,及时表扬,给出激励性评价。而对于不可行的方案则给予正面否定,不让学生留下模糊的概念。此外,学生方案中可取的部分地方,应该帮助学生完善。这些都是需要进一步改进的方面,要真正做到学生评价方式的多元化。

综上所述,运用量规进行课程的反思与调整,真正解决了实施过程中遇到的问题,从而不断完善了课程实施过程。

(案例撰写:尤文菁)

案例 6-4

运用量规进行《天上偷来的火种》一课的反思和调整

一、背景与意义

《天上偷来的火种》是四年级语文第九册第四单元的一篇课文,文章取材于希腊神话,讲述的是"很久以前,人类没有火,一个叫普罗米修斯的神为了把火种传播给人类,不顾宙斯的阻挠,从阿波罗驾驶的太阳车上偷取了火种。普罗米修斯被锁在高加索山上忍受了几个世纪的可怕刑罚,终于被海格立斯搭救,获得了自由"这样一个故事。

二、评估与聚焦

第一次试教后,我觉得课堂中存在一些问题。我运用《教师课程反思与调整量规》,将聚焦点放在"反思课程教学基本技能行为"的评估上。在这项指标中,我做得较好的是:我能研读教材,紧扣文本,并能从学生发展角度出发制定教学目标及教学重点难点。如下:

【知识与技能】

1. 在阅读过程中自主识字,联系上下文理解词语的意思。
2. 能读清神话故事中的外国人名、地名,并根据人名提示简要概括故事内容。

【过程与方法】

1. 有感情地朗读人物间的两次交锋及"可怕的刑罚"情节,通过人物语言、行为,感受普罗米修斯正义、善良、仁爱、坚忍的精神。
2. 深入学习课文第 12 小节,通过想象说话进一步学习先概括后具体的写作方法。

【情感态度与价值观】

联系上下文体会普罗米修斯为了造福人类,敢于反抗权威势力,甘愿受罚的崇高精神。

第六章 课程反思与调整的分级评估

【教学重点和难点】

有感情地朗读刑罚的内容,通过想象说话进一步感受刑罚的可怕,并能联系上下文体会普罗米修斯为了造福人类,敢于反抗权威势力,甘愿受罚的崇高精神。

我做得不够好的是"每一个教学环节都能在教学目标中找到设计依据,每一个教学目标都能在教学设计中得到体现"这一项指标。

制定了教学目标及教学重点难点,应切实在教学过程中逐一达成或解决。但反思本节课,情感态度与价值观的教学目标并未达成。学生对希腊神话故事不太了解,与其中人物之间有距离,体会不出人物情感。课堂气氛沉闷,学生学习积极性不高。想象说话也完成得不好。

我又经过几次与教学同伴的合作讨论与交流,完成了《天上偷来的火种》这一课的反思与调整自评表。

表6-6 《天上偷来的火种》一课反思与调整自评表

维度		评价指标	评价等第与标准		
			一般	良好	优秀
各类课程反思的共同评价标准	反思课程教学基本技能行为	认真研读教材,能在知识体系中合理定位新旧知识的逻辑关系			√
		能结合教学经验,捕捉本课时中学生的学习重点与难点			√
		每一个教学环节都能在教学目标中找到设计依据,每一个教学目标都能在教学设计中得到体现			√
		在课后反思中对匹配度进行深度思考,并能提出若干调整方式			√
	反思课程理性提升行为	反思问题捕捉准确,针对性强	√		
		优化课程	√		
		行为调整			
	反思课程促进学生成长行为	学生评价	√		
		学生参与	√		

从自评表上"反思课程理性提升行为"这一维度中的"反思问题捕捉准确,针对性强"、"优化课程"、"行为调整"三个评价指标来看,我给出的自评等第为"一般",主要问题表现在:

1. 不能激发学生学习的积极性

第一次教学时,在引入新课时,我对学生说:"有一则希腊神话故事说,人类的火种是从天上偷来的,今天我们就要来学习这个神话故事。"随后板书课题:"天上偷来的火种。"学生齐读课题后,再让学生们说说课文中有哪些神。补充了神的资料后,我让学生用神的名称概括课文主要内容,继而进入文本的学习。

教学过程看似很顺,但太过平淡,不能激起学生学习的积极性,学习只能跟着老师的指挥棒一步步跟着说、跟着学习。课堂上感受不到学生浓浓的学习热情。正因为平淡的开头,因此整节课波澜不惊,甚至有些拖沓、沉闷。这让我思考该设计怎样的教学环节来激发学生的学习热情,提高其参与课堂活动的积极性。

2. 脱离学生已有知识和经验

希腊神话是欧洲文化的根基,更是世界文明的发源。而我们的学生在平时阅读中较少接触此类读物。对于希腊神话故事,学生大多只是略知一二。课堂上,作为老师的我没有适当补充四位神的资料,使学生与人物产生距离,难以走近文本,体会人物的情感。

3. 依靠朗读无法引导学生体悟中心

文章12、13节是全文的重点,12节分三层告诉读者酷刑有多可怕,13节则是刻画人物顽强忍受刑罚的过程。可是,这样的刑罚究竟有多残酷在学生的心里并没有概念,课堂上我仅仅依靠朗读这一手段根本无法引导学生体悟普罗米修斯的伟大和顽强。

当然,在"学生评价"及"学生参与"等方面我也存在着问题。

三、改进与提升

依据对照量规,经过反思斟酌,我对《天上偷来的火种》一课的教学过程进行了全面的调整与改进,具体如下:

1. 培养学生的质疑能力,增强他们的参与意识,激发其学习积极性

细读文本后,我发现本课中的"偷"和"英雄"是一对矛盾点,抓住这一对矛盾点进行质疑,既能帮助学生抓住文章主要脉络进行学习,又能有效地培养学生的质疑能力。因此,我对教学过程的开头与结尾进行了修改:

导入新课时,教师出示句子:天上偷取火种的英雄

师:"偷",我们平时理解的意思是?(预设:小偷、窃贼……)

师:"偷"在我们的印象中是个贬义词。而课文中称普罗米修斯为"天上偷取火种的英雄"。

师:(板书"英雄?")你有什么疑问吗?

(预设:小偷怎么能称为英雄……)

师小结:针对句中的矛盾点提出问题,这是帮助我们读懂课文的好方法。

出示课题:天上偷来的火种(齐读课题)

总结课文时,引导学生回归课程伊始的质疑点:"小偷为什么会被称为英雄?"此时,学生们通过之前的学习自然能解答。

师小结:为了造福人类,给人类带去火种,普罗米修斯敢于违抗宙斯意愿,甘愿忍受一切酷刑。

学生再次齐读课题,体会课题中"偷"字的贬词褒用,正能体现出课题中蕴含的智慧。

2. 补充背景资料,为学生深入了解课文进行铺垫

课堂上,我适时补充四位神的资料,引导学生走近希腊神话,对希腊神话中的人物有个大致的了解,进而引导学生用神的名称概括课文主要内容,训练学生概括主要内容的能力,巧妙地帮助学生更深入地走近文本。

3. 注重体会人物语言刻画,拓展学生语言训练

本文语言通俗易懂,课堂上我主要抓住对普罗米修斯的语言、动作、神态等重点语句的理解,让学生体会普罗米修斯仁爱善良、智慧机敏、顽强奉献的精神。通过联系上下文展开语言表述练习,帮助学生体会普罗米修斯播撒人类文明火种的仁爱、正直之心。丰富的人物语言的不同表达形式也可作为语言训练点,让学生在朗读练习中提高

表达能力,深入感悟人物精神。

4. 抓住空白点结合插图,合理想象

课文里提到的刑罚究竟有多残酷在学生的心里并没有概念,因此,在理清刑罚层次的基础上,我引导学生对照插图展开合理的想象,体会在长期的折磨之下,普罗米修斯的胳膊、手腕、脚腕甚至是皮肤都会受到严重的伤害,最后再通过指导朗读,使学生发自肺腑地感到普罗米修斯的确是人类的英雄,感受到普罗米修斯不畏残暴、勇于献身的精神。

5. 考虑差异,改变学生评价方式

原来的作业较为单一,没有充分考虑到学生之间存在的差异。我调整为星级作业。如下:

课后作业:

★积累本课词语。

★★完成课堂上的"想象说话",把它写下来。

★★★仿照课文第12节的写法,选择下面一题写一段话。

1. 没有火,人类的生活多么悲惨啊!

2. 火为人类的生活带来多大的方便啊!

其中,一颗星的作业是要求全班学生都要完成的;两颗星的作业则是考查学生们这节课的听课效果;三颗星的作业是留给学有余力的学生们去完成的。

原来的教学设计中,教师的讲解过多,使得"学生参与"这一项评价指标完成得不够好,学生参与课堂教学的主动性不强。也正因如此,我针对这一指标进行了反思,所以我对教学过程有了上述的修改与调整。

以往教学反思时,我总是反复回忆课堂中自己的表现、学生们的反应,难免会有所疏漏。这次,我运用课程反思与调整分级评估工具进行反思,更有针对性,目标更明确,更具可操作性。通过反思、调整,我进行了第二次教学。这次的教学效果有了较大提升,课堂气氛活跃,学生们能积极主动参与课堂学习,大胆提问,主动探究,并能在小组中合作学习,解答疑问,深刻体会到人物的崇高精神。

(案例撰写:侍菁)

案例 6-5

运用量规进行低年级体育投掷课的反思与调整

一、背景与意义

投掷内容在田径教材中占有较大比重,也是小学生非常喜爱且与其生活密切相关的一项体育活动。它是一种以上肢运动为主,结合下肢协调配合的身体活动,小学低年级的投掷教材中是一些自然、简单的滚、抛、掷动作。由于设备简单,不需要很大的场地,它是小学体育教材中较容易开展的内容。投掷活动不但能够促进学生上下肢肌肉、关节、韧带和内脏机能的发展,而且对于发展其力量、灵敏度、协调性等具有显著作用。同时还能培养学生遵守纪律、听从指挥、团结友爱、相互帮助、协同合作的良好作风和勇敢、顽强、克服困难的优良品质。常用而最有效的投掷内容主要包括"投准"和"掷远"两种,小学低年级以"轻物投掷"为主,初步学会原地投掷的动作,要求掌握手高于头、肘高于肩的正确挥臂方法。在此基础上,以投准巩固动作、激发兴趣。本教材是学生学习投掷动作的基础,也是学生生活经验较为丰富的练习形式,对学生掌握投掷动作协调用力的动作要领具有促进作用,为学生继续学习双手投掷做了一定的铺垫。

二、评估与聚焦

在练习掷远这一内容前,我让学生回忆了在电影、电视中解放军叔叔投掷手榴弹炸敌军的情景,并配以军歌渲染气氛,使学生在我营造的这种特定的教学情境中尽快地进入"角色"。我要求学生模仿一下掷手榴弹的动作,每位同学练习一定时间,看谁模仿得最好;模仿时,学生们愿意怎么投就怎么投。然后,分别找学生来做示范,让学生通过观察、讨论、交流,最后得出结论:只有做到肩上屈肘,肘部向前,快速挥臂才能将持有物投掷得较远。在我的正确示范后,学生们对动作的掌握又有了进一步的认识,随后,让学生根据场地上矩形图形的布置,再根据自己的能力选择不同的站位投向正前方,给自己累计得分,也可两人一组,相互竞赛。通过这节课的教学,我深感此阶段的学生正处于懵懂好学的阶段,对周围的许多现象都感兴趣,也开始喜欢琢磨一些有趣的问题。但是由于年龄小,无意在学习过程中占主导地位,学习呈现情绪化和兴趣化的特点。

另外,在本教材的实施过程中,我发现就投掷这个内容来说,它深受学生们的喜爱,但是也存在着不少问题。在对此教案进行修改前,我对照了《课程反思与调整评估工具》,尝试着从评价指标出发,对此教学过程的设计做深度的思考,完成了投掷课反思与调整自评表。

表6-7 投掷课反思与调整自评表

维度	评价指标	一般	良好	优秀
各类课程反思的共同评价标准	认真研读教材,能在知识体系中合理定位新旧知识的逻辑关系		√	
	能结合教学经验,捕捉本课时中学生的学习重点与难点		√	
	每一个教学环节都能在教学目标中找到设计依据,每一个教学目标都能在教学设计中得到体现		√	
	在课后反思中对匹配度进行深度思考,并能提出若干调整方式			√
反思课程理性提升行为	反思问题捕捉准确,针对性强			√
	优化课程		√	
	行为调整		√	
反思课程促进学生成长行为	学生评价		√	
	学生参与		√	

对照量规,经过评价,在"定位新旧知识的逻辑关系"、"捕捉重难点"、"力求每个教学目标都能在教学设计中得到体现"、"优化课程"、"行为调整"、"学生评价"、"学生参

与"等方面未达到"优秀",主要问题表现在：

1. 教学目标的达成度过低

通过课堂实践,我了解到学生为了追求得分,在练习中忽略了动作要领而不断地增加低分值(近距离投掷)的练习次数,学生们的确活动得很开心,但是致使教学目标的达成度过低。没有高度的投掷怎么可能投得远呢？

2. 教学中一切由教师组织,缺少学生主体性、独立性的发挥与培养

这节投掷课的授课对象是二年级学生,在我的固有观念里,总认为二年级学生年龄小,还较为天真幼稚,故在教学实施中教师牵着学生走,领着学生走,学生在教师的组织下开展体育活动,学得不够主动、充分和积极。

3. 学生评价没有注重过程性评价

课堂上,一味地老师给予学生评价,方式较为单一。学生积极主动参与学习的热情、兴趣度都不够,不能充分体现出学生是学习的主人。

三、改进与提升

对于量规评价表中未达到"优秀"有待进一步完善的地方,在自我反思的同时,对投掷课的教学设计与实施,我进行了全面的调整,主要改进如下：

1. 定位新旧知识的逻辑关系,捕捉重难点,力求每个教学目标都能在教学设计中得到体现。

鉴于上节课存在的不足,我重新调整思路,对教学设计做了删减和补充,改为先由问题入手,让学生带着"用什么方法才能像解放军叔叔一样投得又远又准"这一问题去尝试、体验,在实践中发现新知,在对比中寻找答案。在练习过程中,作为教师的我给予学生大量的自主学习、自主创造的时间和空间,既提高了练习密度,又提高了练习强度。为了能让学生更好地牢记投掷动作的要领,我还安排学生进行分组合作的练习,即要求学生4人一组进行轮换练习,一人投掷,一人垂直高举羽毛球拍作为目标,判断其是否能越过球拍高度掷向远方(若能投掷到目标线则调整有相应分值的起投线的距离),第三位学生则作为裁判判断他的动作正确与否,第四位学生判断其投掷的距离并提示其是否需要调整起始的投掷线。就在这样一个组织形式中,教师为学生创造了一

个和谐、开放的教学环境,这个环境既有利于学生多练习,又有利于学生观察、自评、互评,更有利于学生的发展。

本课的目标制定力求贴近学生实际需求,为具有个体差异的学生设计了不同远度的分数线,让每一位学生了解自己投的远度,评价自己的成绩,并努力超越自我向更高的目标迈进,确保每一位学生都能看到自己的进步。这样能较好地体现新课程理念,能以学生的发展为中心,重难点突出,有效地解决学生出手角度问题。

2. 优化课程,行为调整。

经过不断的反思研究,我逐步改善了教学活动的设计。二年级学生虽然年龄小,但是兴趣广泛,也有了一定的自我组织能力。我就从学生的实际出发,打破以往教学中一切由教师组织的做法,既尊重了学生的个性,又让学生学会了遵守规则。课堂上,我努力培养学生必要的课堂习惯、独立学习习惯、小组合作习惯的养成。小组合作学习,能充分调动学生学习的积极性,使每一位学生都有了主动学习和创新的机会。由于学生的好胜心理和集体荣誉感,在分配到任务后,他们都自发地、积极地去完成。在这期间,学生始终处于一种主动、积极的心态,学生由原来的被动听讲者变成了主动学习者、研究者、参与者,从而有了"我要学"的强烈愿望。小组合作学习给他们提供了一个独立思考发现和解决问题的空间,更能体现学生的主体地位。其实在教学设计中,多给学生有选择性的自由练习空间,可以使学生找到练习的乐趣,发现自己的特长,真正让学生学有所得,为培养终身的体育素养打下扎实的基础。

3. 学生评价,学生参与。

针对"学生评价及参与"等评价指标,我又做了进一步的调整:新课程改革给我们提出了新的评价理念,那就是"立足过程,促进发展"。基于这样一种思想,现在的评价越来越重视综合评价,强调评价的多元化;越来越注重过程,强调终结性评价与形成性评价相结合。在本课教学中我进行了大胆尝试,将情景教学、自主学习、合作学习等多种教学手法贯穿课堂。教学中,我注重教师评价、学生自我评价、学生互相评价等多种评价手段,引导学生发现问题,解决问题,在活动中体验成功,在评价中找到差距,真正在课堂教学中体验到参与的乐趣。同时,在教学中我还采用小组合作学习的方式,形成了教师与学生、学生与学生之间的全方位、多层次、多角度的交流模式,使小组中每个人都有机会发表自己的观点与看法,也乐于倾听他人的意见,使学生感受到学习的快乐,从而满足了学生的心理需要,促进学生智力因素和非智力因素的和谐发展,最终使学生学会、会学、乐学。在教学实践中,我们也体会到,学生的知识能力是在实践中增长的,态度情感是在实践中发展健全的。对学生的评价,只有在学生的实践过程中进行,才是最切实、最有价值的。因此,本课教学注重过程性评价,将评价权交给学生,使他们觉得"我能行,我是学习的主人"。学生通过互评及自评,共同学习与发展,对其积极主动地参与学习的过程起到激励作用。

综上所述,通过量规进行课程的反思与调整,使教师对于教学目标的制定更为清晰,对于教学方法的设定更为有效,学生则更为得益。

(案例撰写:沈蕾)

后记

"L-ADDER 课程评估工具与应用"这一上海市教育科学研究课题是我们十几年来课程建设几轮研究与实践中感到最艰难的一个命题。或许是因为我们一线教师对自身教育科研的理论基础底气不足,抑或是因为我们在教育教学的实践中更多的是运用标准和被评判,抑或是因为教育评价一直以来好比象牙塔上的明珠难以摘获……四年前的我们刚触及这个命题,有点无从下手,但我们从心底里萌动着激情,试图揭开它神秘的面纱。研究实践过程更是举步维艰,但我们硬是摸着石头过河,啃着这块硬骨头嚼着味。反思总结时仍然需要走走停停、鼓足勇气,但我们被来自前线老师们的一个个鲜活的案例所感动。

四年中,人们对我们的课程评估研究项目褒贬不一或担忧良多,但我们始终牢记课程专家和教育评估专家对我们的鼓励和研究方向的引领。我们发挥了我们最可贵的优势:有教师、学生鲜活的生命体验;有具有巨大价值的前沿数据;有可持续调整的现场表现;有严密的标准与灵动的过程最适当的统整……随着时间的推移,我们愈发喜爱自己的发现与探索:

一是"L-ADDER 课程评估工具的开发与应用"显示了一线丰富的课程教育的特性,彰显了百年老校历史长河积淀的课程文化和学校特色,它是独一无二的,又是极具参考价值的。

二是一系列的课程评估量规来自学生的学习状况和教师对课程的深入理解及实施经验,是教师自己根据实际认真设计、精心修改,操作运用简便顺手、使用成效显著的工具。教师乐在其中,乐此不疲。

三是课程量规来自课堂,来自学生和教师,来自课程,既贴肉可行,又不断繁殖,滋生出更多的操作量规,这些设计策略助推教师的专业能力节节攀升。

四是课程评估工具的开发与应用促进了学校管理持续提效,让教师焕发出积极的工作热情,让学生被激发出浓厚的学习兴趣。

因此,我们用《聚焦学习的课程评估——L-ADDER课程评估工具与应用》一书记载我们四年多的心路历程和深入实践,包括大胆的设想、积极的反思和缜密的统整……

《聚焦学习的课程评估——L-ADDER课程评估工具与应用》一书是在上海市教育科学研究院杨四耕老师的指导下完成的,它也是我校承担的上海市教育科学研究课题《"L-ADDER"课程评估工具的开发及其使用研究》实践探索的成果。全书由陈瑾主编、统稿,它凝聚了学校课程领导实验室核心成员的心血:前言,陈瑾;第一章,严慧;第二章,王嘉颖、张叶清;第三章,罗芸;第四章,乔燕、杨学敬;第五章,钟毅萍;第六章,施颖琼、王嘉颖、乔燕。学校许多参加课题研究与实践的老师撰写了鲜活案例,提供了原始材料。众人的智慧使本书的观点更鲜明,内容更充实,阐述更具体。更令人欣喜的是,在总课题的引领下,产出了众多的子课题和子项目,众多教师的案例、论文在各级各类层面获奖。

这里特别要感谢专家顾志跃、纪明泽、潘国青、陈玉华等老师对课题组提出的宝贵建议和殷切期望;衷心感谢华东师范大学出版社编辑倾注心力,是他们使本书更为精致。

上海市黄浦区卢湾二中心小学　陈瑾校长

2018年2月